OTTE 1966

GLYPTOTHÈQUE NY-CARLSBERG

CHOIX
DE
MONUMENTS ÉGYPTIENS

DEUXIÈME SÉRIE

PAR

VALDEMAR SCHMIDT

PROFESSEUR AGRÉGÉ A L'UNIVERSITÉ DE COPENHAGUE

BRUXELLES

VROMANT & C⁰, IMPRIMEURS ET ÉDITEUR

3, RUE DE LA CHAPELLE ET 18, RUE DES PAROISSIENS

COPENHAGUE	PARIS	LONDRES
A.-F. HŒST	PAUL GEUTHNER	PROBSTHAI
BREDGADE	RUE MAZARINE, 68	GREAT RUSSELL ST

CHOIX
DE
MONUMENTS ÉGYPTIENS

GLYPTOTHÈQUE NY-CARLSBERG

CHOIX
DE
MONUMENTS ÉGYPTIENS

DEUXIÈME SÉRIE

PAR

Valdemar SCHMIDT

Professeur agrégé a l'Université de Copenhague

BRUXELLES

VROMANT & Cᵒ, Imprimeurs et Éditeurs

3, Rue de la Chapelle et 18, Rue des Paroissiens

COPENHAGUE	PARIS	LONDRES
A.-F. HŒST	Paul GEUTHNER	PROBSTHAIN
Bredgade	Rue Mazarine, 68	Great Russell Str.

PRÉFACE

ON trouve à Copenhague des antiquités égyptiennes en trois endroits différents : au Musée national, dans le palais dit «du Prince», au Musée Thorvaldsen et à la Glyptothèque Ny-Carlsberg.

Dans chacun de ces musées, les antiquités égyptiennes ne jouent qu'un rôle accessoire. En effet, le Musée national est destiné en ordre principal — son nom l'indique bien, du reste, — à conserver les antiquités nationales, appartenant aux diverses périodes de l'histoire du Danemark antérieures à 1660, l'année où les états inférieurs du pays, après avoir écrasé le pouvoir de la noblesse, conférèrent au roi la souveraineté absolue. A côté des antiquités danoises, on y rencontre cependant, dans une autre partie du bâtiment, comme objets de comparaison avec les antiquités découvertes dans le pays, une riche collection ethnographique et une série très importante d'antiquités classiques. C'est dans une grande salle de cette dernière collection que se sont exposées les antiquités égyptiennes.

La plupart des salles du Musée Thorvaldsen sont consacrées aux nombreuses productions du célèbre sculpteur danois, mort à Copenhague en 1844. On y a réuni les collections particulières de Thorvaldsen, recueillies pendant son long séjour à Rome : antiquités, tableaux, livres, etc. Les antiquités égyptiennes y occupent une petite salle au premier étage[1].

La troisième collection égyptienne se rencontre dans le nouveau bâtiment de la Glyptothèque Ny-Carlsberg, fondée par le Mécène danois universellement connu, le docteur ès sciences et arts Carl Jacobsen. Une partie du magnifique monument est occupée par une série de chefs-d'œuvre de l'art moderne, notamment des spécimens choisis de la sculpture française et danoise. L'autre partie, ouverte au public depuis 1907, est réservée à une très importante collection d'œuvres grecques, romaines et étrusques. C'est dans cette division nouvelle que la section égyptienne a été installée : elle y forme une espèce d'introduction à l'étude des séries antiques ; trois salles lui sont consacrées.

Notons que, jusqu'à l'année dernière, il y avait à Copenhague une quatrième collection publique d'antiquités égyptiennes. Elle se trouvait à la résidence de l'évêque protestant de Sélande (le Bispegaard). Münter, évêque de Sélande, le célèbre orientaliste danois mort en 1830, l'avait léguée à la résidence épiscopale.

Les douze stèles qui composaient cette collection avaient été réunies par Münter vers la fin de sa vie. Exposées aux intempéries de l'air, elles ont beaucoup souffert et, afin de les conserver, on a dû les placer dans la section égyptienne de la Glyptothèque Ny-Carls-

---

1. HENRY MADSEN, *Les Inscriptions égyptiennes du Musée Thorvaldsen à Copenhague*, dans le *Sphinx*, XIII, fasc. 2, pp. 49-59.

berg. Une description de ces intéressants monuments a été publiée par l'auteur du présent recueil [1].

Quant à la collection de la Glyptothèque, on doit regretter que, malgré son importance, elle ne soit pas connue davantage dans le monde savant. Un catalogue descriptif en a été publié déjà en deux éditions par l'auteur du présent recueil (2ᵉ édition, revue et augmentée, en 1908 [2]). Malheureusement, ce catalogue, écrit en danois, est en général de peu d'utilité pour les étrangers visitant la Glyptothèque.

Un certain nombre de monuments égyptiens ont été publiés, accompagnés de notices descriptives, dans le somptueux atlas édité sur la Glyptothèque Ny-Carlsberg par la maison A. Bruckmann, de Munich, sous la direction de Paul Arndt [3]. Mais, comme on le sait, le prix de cet ouvrage empêche sa diffusion, et il est probable que peu d'égyptologues l'ont à leur disposition.

En vue de parer à cet inconvénient, l'auteur, aimablement autorisé par la maison Bruckmann, a reproduit, en réduction, les objets égyptiens représentés sur les planches de la grande publication. Ces reproductions, même à petite échelle, ne sont pas sans utilité

---

1. VALDEMAR SCHMIDT, *Museum Münterianum. Collection de stèles égyptiennes...* (Copenhague-Bruxelles, 1910.)

2. VALDEMAR SCHMIDT, *Ny-Carlsberg Glyptotek. Den ægyptiske Samling* (711 pages, 95 illustrations dans le texte; 16 planches autogr.; Copenhague, 1908).

3. PAUL ARNDT, *La Glyptothèque Ny-Carlsberg, fondée par Carl Jacobsen* (Munich, F. Bruckmann; en cours de publication); les objets égyptiens ont été figurés sur les planches 190-219; les notices (par V. Schmidt) sur les objets figurés, pp. 47-84, du tome II (Munich, 1907. Fol.).

pour les égyptologues habitués au style des monuments [1].

Néanmoins ce recueil, de même que l'atlas Arndt-Bruckmann, ne contient qu'une minime partie des monuments égyptiens qu'on rencontre dans la Glyptothèque; de plus, le choix n'avait pas été fait par des égyptologues. L'auteur s'est décidé à combler ces lacunes en publiant un nouveau recueil, réclamé depuis longtemps par les spécialistes en archéologie égyptienne, sous le titre de : « Choix de Monuments égyptiens faisant partie de la Glyptothèque Ny-Carlsberg, fondée par M. Carl Jacobsen. Deuxième série . » Dans un but d'utilité pratique et pour répondre à des critiques souvent exprimées, le format folio de la première série a été abandonné et l'on a adopté l'in-12.

Les monuments ici publiés datent de toutes les époques historiques de l'ancienne Égypte. On en trouvera de l'empire memphite ou ancien empire, du premier et du second empire thébain (moyen et nouvel empire), de l'époque antérieure aux rois saïtes ou période libyque, de l'époque saïte et des temps ptolémaïques, romains et byzantins.

Certaines figures de ce recueil ont paru déjà dans le catalogue danois de la Glyptothèque, cité plus haut. Il en est de même des dessins exécutés il y a quelques années déjà en vue d'un grand ouvrage que l'auteur prépare sur les sarcophages égyptiens; ils sont l'œuvre de sa nièce, Mme Ingeborg Molesworth-Saint-

---

1. VALDEMAR SCHMIDT, *Choix de Monuments égyptiens faisant partie de la Glyptothèque Ny-Carlsberg, fondée par M. Carl Jacobsen* (Copenhague, 1906).

Aubyn, née Muller, qui les exécuta au cours d'un voyage d'études dans les plus importants musées égyptiens de l'Europe et d'Égypte.

La plupart des inscriptions étant inédites, l'auteur a publié en même temps que ce *choix* un *appendice épigraphique*, d'après les dessins de son savant ami M. Richard Theilgaard, ingénieur de la ville de Copenhague.

Sur chaque figure une indication sommaire donne le numéro d'inventaire de l'objet et le numéro dans la nouvelle édition du catalogue danois [1], les dimensions, la matière, la détermination et la date. Toutes les autres indications devront être cherchées dans le texte introductif. Au sujet de la date, on remarquera que l'auteur s'est borné à citer les dynasties de Manéthon.

L'auteur exprime, en terminant, sa profonde gratitude à tous ceux qui l'ont aidé dans sa tâche, spécialement M. Jean Capart, l'éminent et savant conservateur du Musée égyptien de Bruxelles.

Copenhague, 15 août 1910.

---

[1]. Les objets exposés dans la partie égyptienne de la Glyptothèque Ny-Carlsberg, sont marqués maintenant : E suivi d'un numéro ; avant 1908, ils étaient marqués : A suivi d'un numéro. Cette désignation se trouve dans la première édition du catalogue danois, ainsi que dans l'album Arndt-Bruckmann et dans le *Choix* de 1906. On trouvera, à la fin, deux tables de concordance entre les numéros du catalogue danois, l'inventaire, les figures et les pages du présent ouvrage.

I

LA période préhistorique égyptienne n'est représentée à la Glyptothèque que par un très petit nombre d'objets ; on en chercherait en vain de la période de transition aux temps historiques, les trois premières dynasties. Au contraire, l'époque memphite ou ancien empire est parfaitement représentée à la Glyptothèque et par des monuments très caractéristiques.

Citons d'abord plusieurs statuettes en bois et en pierre dont quelques-unes ont été figurées dans la première série du *Choix*. Ce sont : Statuette de femme, en calcaire : E 3 (A 3 ; Inv. N° 1), figurée p. 1, d'après la planche 190 de Bruckmann ; Statuette, en bois peint, d'une servante apportant des offrandes : E 4 (A 4 ; Inv. N° 1217), figurée p. 1, d'après la planche 191 ; Belle tête imberbe, en pierre rouge, avec les yeux incrustés en cristal de roche : E 2 (A 2 ; Inv. N° 1207), figurée p. 2, d'après la planche 211 A.

Les bas-reliefs de l'ancien empire proviennent tous, sauf peut-être une exception, des chapelles funéraires des tombeaux que l'on appelle des *mastabas*. Ils décoraient les parois des salles où se célébraient les cérémonies funéraires, spécialement les repas funéraires qui avaient lieu à des fêtes déterminées et auxquels participaient les parents et les amis.

Un fragment : E 1 (A 157; Inv. N° 46), très finement gravé, a été figuré dans la première série, p. 5, d'après la planche 212 A. On y voit la tête d'un roi et celle d'un dieu hiéracocéphale qui le purifie : c'est une scène du couronnement du roi Sahu-ra (Sefures), de la V° dynastie. Ce fragment provient peut-être du temple de la pyramide de Sahûra, à Abousir.

Notre figure 1 est un panneau d'une stèle (E 9 ; Inv. N° 1230), en forme de niche ou de fausse porte. On y voit le défunt, qui s'appelle S-khent-ka, debout, s'appuyant du bras gauche sur un bâton, dans une pose peu fréquente, tenant dans la main droite un sceptre ou casse-tête. Le relief est d'une grande finesse et rappelle l'art des beaux monuments de Meidoum datant du commencement de la IV° dynastie. La couleur rouge qui recouvre le corps est admirablement conservée (sauf sur le visage). La Glyptothèque vient d'acquérir un fragment (E 835 ; Inv. N° 2457), qui appartient au même art : une oie à côté de la partie antérieure d'un pied humain, également peint en rouge. L'inscription de notre panneau, légèrement effacée, est reproduite dans l'*Appendice épigraphique*, planche 8, fig. 5.

La figure 2 donne deux fragments d'une stèle en forme de fausse porte. Le style est très soigné ; remarquez spécialement l'indication de la musculature des jambes. Le défunt se nommait *Setu*. Deux tombeaux de Gizeh, découverts par Lepsius à proximité des grandes pyramides, appartenaient à des personnages de ce nom, différents du nôtre. Les inscriptions ont été reproduites dans l'*Appendice* (planche 8, fig. 4A et 4B). Les fragments sont marqués E 10 et E 11.

Les figures 3, 4 et 6 nous introduisent dans la vie quotidienne des Égyptiens.

Figure 3 : E 12 (Inv. N° 1235). Au registre supérieur une inscription contient l'énumération des titres du propriétaire du tombeau. En dessous, des prêtres funéraires apportent des offrandes diverses, des bouchers dépècent le bétail qui doit fournir les viandes destinées à la table du mort. M. Capart a remarqué que le Musée du Louvre possède un fragment de bas-relief (B 51), qui provient du même tombeau. Nous apprenons ainsi que le propriétaire du monument s'appelait Nofr ou Nefer et qu'il était parent royal. Un des serviteurs, Persen, cité sur le monument du Louvre, se retrouve sur un second fragment de la Glyptothèque (fig. 5).

Figure 6 : E 13 (Inv. N° 1796A). On voit ici des serviteurs et des prêtres de double présentant au mort (qui a disparu) divers animaux ; quatre scribes sont occupés à enregistrer le bétail d'offrande. On pensait par ces représentations satisfaire les besoins de l'âme du défunt.

Figure 4 : E 14 (Inv. N° 1796B). Ce monument est sculpté avec plus de délicatesse encore que le précédent : ici également on présentait à un mort de distinction des offrandes d'animaux vivants : en haut, des antilopes ; au milieu, des grues, des oies, des canards, un pigeon. En dessous, des serviteurs portent de jeunes animaux, d'autres apportent une cage remplie d'oiseaux... A côté de plusieurs animaux, spécialement au-dessus des oiseaux du registre du milieu, l'inscription donne le nom de l'animal représenté. Quant à la détermination des espèces d'animaux figurées sur nos monuments, nous renvoyons le lecteur aux recherches de M. le baron F.-W. de Bissing [1].

Figure 5 : E 834 (Inv. N° 2377). Stèle en forme de niche. Sur un grand linteau saillant, on voit le mort et sa femme assis dans un fauteuil, devant une table d'offrandes ; ils reçoivent les offrandes de quatre petits personnages. Les deux montants de la stèle portent des inscriptions au nom de Hekenu-didi et de sa femme Kes-her-tefs. Ce sont eux qui sont figurés sur le grand linteau. A la partie inférieure du montant de droite, deux figures de femmes debout ont été gravées, probablement des enfants du mort. Dans le creux de la niche apparaissent en relief un homme et une femme : Pi-zefa et Neferïutes. Le petit linteau qui termine au sommet le creux de la niche répète le nom de Hekenu-didi (Vᵉ-VIᵉ dynastie).

Figure 7 : E 29 (Inv. N° 1869). Deux fragments d'une stèle en forme de niche. Le défunt, Onkh-utus, est figuré sur les deux panneaux avec des caractéristiques particulières qui pourraient faire croire, à première vue, qu'il s'agissait d'un estropié (figure 8). L'aspect singulier de la figure est peut-être dû, ainsi que M. Henry Madsen cherche à l'expliquer [2], à une tentative, peu heureuse il est vrai, de représenter l'épaule vue de profil (VIᵉ dynastie).

---

1. F.-W. VON BISSING (et A.-E.-P. WEIGALL), *Die Mastaba des Gem-ni-kai*. Vol. 1, p. 34-42 : Erläuterungen zu den Thierdarstellungen (Berlin, 1905, Fol.). Voir aussi ROBERT HARTMANN, *Ueber die in Dümichen's Publicationen zur Mittheilung gebrachten Thierdarstellungen* dans JOH. DÜMICHEN, *Resultate der 1868 nach Aegypten entsendeten archäologisch-photographischen Expedition*, p. 28-30 (Berlin, 1869).

2. H. MADSEN, *Ein künstlerisches Experiment im Alten Reiche*, dans la *Zeitschrift für ägyptische Sprache*, vol. XLII, p. 65 (Leipzig, 1906).

Figure 9 : E 30 (Inv. N° 1870). Stèle en forme de niche. Le petit linteau qui surmonte le creux de la niche donne le nom de Iu-uen. De chaque côté un panneau est occupé par des figures de femmes et d'enfants accompagnées chacune de leur nom. A droite est la femme du mort, à gauche une de ses filles. Un linteau saillant est occupé par les titres et le nom de Iu-uen. Au-dessus, un panneau rectangulaire nous le montre assis, avec sa femme, devant une table d'offrandes. Sur deux pilastres saillants, encadrant l'ensemble de la stèle, on voit les prêtres de double ; les inscriptions donnent les formules ordinaires en faveur d'une bonne sépulture et d'un bon voyage vers l'autre monde (VI* dynastie).

On trouvera dans l'*Appendice épigraphique*, outre les inscriptions n°s 4 et 5 dont nous venons de parler, les inscriptions suivantes datant de l'époque memphite :

App. figure 1 (sur la planche 2). Inscription du monument funéraire d'Asa ou Ese (E 17 ; Inv. N° 1246A) : liste des dons funéraires, sculptée près de la table d'offrandes ;

App. figure 2 (sur la planche 13). Inscription sur une architrave (E 20 ; Inv. N° 8) ;

App. figure 3 (sur la planche 5). Inscription : formule funéraire à Osiris et à Anubis (E 28 ; Inv. N° 17);

App. figure 6 (sur la planche 8). Colonne d'inscription assez mal sculptée (E 37 ; Inv. N° 1232A) ; le nom paraît être Maa.

II

A première époque thébaine ou moyen empire n'est représentée à la Glyptothèque que par un petit nombre de monuments; quelques-uns sont cependant des plus intéressants. Citons d'abord les pièces reproduites dans la première série du *Choix*.

E 42 (A 36 ; Inv. N° 21), figuré sur la planche I, d'après la planche 193. Statue d'homme assis sur le sol, le bas du corps enveloppé dans un grand manteau couvert d'une inscription sur la partie antérieure. Cette statue, sculptée fort artistiquement dans une pierre très dure, provient certainement de Karnak; elle a fait autrefois partie de la collection Sabattier. L'inscription, publiée d'abord par G. Legrain [1], a été expliquée pour la première fois par M. H.-O. Lange, bibliothécaire en chef de la grande Bibliothèque royale de Copenhague [2]; on la trouvera reproduite à l'*Appendice épigraphique*, fig. 7, sur la planche I.

---

1. G. LEGRAIN, *Textes recueillis dans quelques collections particulières* dans le *Recueil de travaux relatifs à la Philologie et à l'Archéologie égyptiennes et assyriennes*, vol. xiv, p. 56, n° 12 (Paris, 1894).

2. H.-O. LANGE, *Eine Statue des mittleren Reiches aus Karnak*, dans la *Zeitschrift für ägyptische Sprache*, vol. xxx, p. 124-125 (Leipzig, 1892).

E 45 (A 39; Inv. N° 1218), reproduit sur la planche 1, d'après la planche 192. Statuette anépigraphe en bois, finement travaillée et parfaitement conservée, provenant, croit-on, de la nécropole d'Assiout et du tombeau fameux qui procura au Musée du Caire les petits soldats en bois universellement renommés [1].

E 50 (A 44), reproduit sur la page 1, d'après la planche 195 de Bruckmann. Modèle de bateau. On sait que des modèles de ce genre se rencontrent à peu près sans exception dans tous les bons tombeaux de cette époque trouvés intacts.

E 41 (A 35), reproduit sur la page 1, d'après la planche 194 A et B de Bruckmann. Magnifique tête en pierre dure noire. Cette pièce ne peut être datée du moyen empire qu'avec les plus expresses réserves; les égyptologues qui ont eu l'occasion de l'examiner sont d'avis différents. Tandis que les uns n'hésitent pas à l'attribuer à la première époque thébaine, les autres, spécialement les savants de Berlin, prétendent y voir une œuvre de la renaissance saïte. La tête, imberbe, porte une couronne du sud, sans uræus, absolument semblable à celle qui orne la tête découverte par M. Flinders Petrie à Tanis et publiée d'abord dans la description des recherches et fouilles exécutées par ce savant archéologue à Sân en 1883-84 [2], puis dans son *Histoire d'Égypte* [3].

---

1. Voir G. Maspero, dans Grébaut, *Le Musée Égyptien*, pl. xxxiii-xxxvii (Le Caire, 1900).

2. W.-M. Flinders Petrie, *Tanis*, part. I (= Egypt Exploration Fund : second memoir), pl. xiii, fig. 2, comp. l. c., p. 5 (Londres, 1885).

3. W.-M. Flinders Petrie, *A History of Egypt*, vol. I, p. 158 (Londres, 1903).

Une statue découverte par M. Petrie, à Koptos, porte également la couronne du sud, mais elle est ornée d'un urœus. En revanche, l'urœus manque sur la couronne du sud portée par un roi sur un bas-relief découvert par Petrie à Koptos [1]. La belle tête de Copenhague appartenait évidemment à une statue royale.

M. le baron de Bissing vient de publier de nouveau notre tête dans son bel ouvrage sur la sculpture égyptienne [2]. Le texte nous fournit des renseignements précieux sur des monuments qui présentent de l'analogie avec notre tête, par exemple une tête du Musée de Vienne [3] et une autre récemment acquise par le Musée de Berlin [4].

Passons aux monuments figurés dans notre nouveau recueil :

Figure 10 (E 40 ; Inv. N° 1206). Partie supérieure d'une statuette en granit. La tête porte la coiffure royale que l'on appelle, d'après un mot copte, le klaft. Le menton est orné d'une barbe postiche, sur le front se dresse un urœus; c'est évidemment le portrait d'un roi. Une comparaison avec les statues découvertes à Deir el Bahari par l'Egypt Exploration Fund, au

---

1. W.-M. FLINDERS PETRIE, *Koptos*, pl. x, fig. 2, comp. p. 11 (Londres, 1896). Voir, pour la question de l'urœus sur les coiffures royales dans les temps anciens, H. SCHÄFER, *Zur Geschichte des Uräus am Kopfschmuck des Koenigs* dans la *Zeitschrift für ägyptische Sprache*, vol. XLI, p. 62-65 (Leipzig, 1904); les urœus manquent quelquefois sur les couronnes rouges et blanches des rois.

2. F.-W. DE BISSING, *Denkmäler ägyptischer Sculptur*, pl. 26A avec le texte.

3. F.-W. DE BISSING, l. c., pl. 27.

4. F.-W. DE BISSING, l. c., pl. 26A, texte, voir SCHAEFER dans les *Amtliche Berichte aus den Berliner Kunstsamlungen*, 1907, p. 75.

cours des fouilles dirigées dans les dernières années par E. Naville, rend fort vraisemblable l'attribution du fragment de Copenhague au roi Usert-sen ou Sen-usert (Sésostris) III de la xiie dynastie [1].

La ressemblance entre les statues de ce roi et le buste de la Glyptothèque est assez évidente.

Les fouilles de M. Legrain à Karnak ont fourni une nouvelle preuve de l'exactitude de notre identification du buste de Copenhague avec le roi Usert-sen ou Sen-usert III. Le prénom officiel de ce roi se lit sur une plaque de la ceinture de la statue royale du Caire 24011 [2], dont la poitrine est ornée d'un cordon passant au cou, auquel sont enfilées, de distance en distance, des perles rectangulaires, et qui supporte une amulette tombant sur le sternum. Le buste de Copenhague porte une amulette et un cordon exactement semblables [3].

Figure 11 : E 152 (Inv. N° 345). Buste anépigraphe ou plutôt partie supérieure d'une statuette en pierre noirâtre d'un roi d'Égypte. La partie inférieure en a disparu. Le roi, dont la tête est coiffée du klaft, paraît avoir été assis. La date du petit monument anépigraphe n'est pas facile à préciser. M. Capart pense que le buste pourrait dater de la xiiie dynastie. Il présente, en effet, une certaine analogie avec

---

1. EDOUARD NAVILLE, *The xith Dynasty Temple at Deir El Bahari* (Egypt Exploration Fund, xxviiith Memoir), vol. I, pl. xix, fig. C, D et E ; comp. l. c., p. 69 (Londres, 1907).

2. G. LEGRAIN, *Statues et Statuettes*, vol. I, p. 8 (Le Caire, 1906).

3. VALDEMAR SCHMIDT. *Note on a peculiar Pendant shown on three statues of Usert-sen III*, dans les *Proceedings of the Society of Biblical Archæology*, vol. xxviii, p, 268-269 (Londres, 1906).

les deux statues du roi Sobk-hotep ou Sebek-hotep du Louvre, publiées dans le magnifique Album de M. F.-W. de Bissing [1].

Figure 12 : E 836 (Inv. N° 2341). Statuette d'homme, anépigraphe, en diorite. Le personnage a la tête encadrée d'une large perruque, le corps enveloppé d'un grand manteau serrant la poitrine à la hauteur des reins.

Figure 13 A et B : E 52 et 53 (Inv. N° 1236). Beaux fragments d'inscription, acquis dans le Fayoum. On lit sur le plus grand le prénom royal connu comme étant celui du roi Amenemha I. Cependant, le second fragment paraît donner la fin du même prénom, suivi du commencement d'un nom propre. On peut encore voir des traces du premier signe de ce nom et ces traces suffisent à reconnaître que c'était un signe figurant un oiseau. On pourrait supposer qu'on avait écrit Amon par l'oie, ce qui n'est pas impossible, du reste ; mais les traces du signe montrent que ce n'est pas le signe 𓅭 ; il faut donc admettre que les fragments donnent le nom d'un roi inconnu de la XIIIe dynastie.

Figure 14 : E 54 (Inv. N° 1237). Fragment de bas-relief d'un temple du Fayoum, au nom du roi Amenemha III, le Moeris des Grecs. Le nom propre du roi est martelé sans qu'on en comprenne la raison, à moins qu'il ne s'agisse d'une mutilation due au roi Aménophis IV.

Figure 15 : E 51 (Inv. N° 1241). Fragment d'une longue inscription hiéroglyphique, acheté à Louxor et provenant vraisemblablement d'un tombeau d'un prince d'Hermonthis. Une inscription, de même pro-

---

[1]. F.-W. von Bissing, *Denkmäler ägyptischer Sculptur*, pl. 28.

venance, se trouve au Musée de Berlin. Toutes deux (xi{{e}} dynastie) ont été étudiées par M. H.-O. Lange[1].

Figure 16 : E 838 (Inv. N° 2340). Stèle funéraire. Dans la partie supérieure, formule dédicatoire à Osiris et Anubis pour le chef de maison, majordome Meni et pour un autre personnage dont le nom n'est pas aisé à déterminer (peut-être Ib-r-ef, fils de Sent). En dessous deux Égyptiens sont assis devant une table d'offrandes abondamment chargée de victuailles. Les deux registres inférieurs, superposés, sont occupés par une série de personnages debout, hommes et femmes, appartenant à la famille des deux personnages figurés plus haut et qui sont vraisemblablement père et fils (xii-xiii{{e}} dynastie).

Figure 17 : E 840 (Inv. N° 2318). Stèle peinte. A gauche, un Egyptien debout; il se nommait Heni, comme nous l'apprend l'inscription horizontale, peinte au-dessus de lui; sa mère s'appelait Hotep ou Hotept. Vis-à-vis de Heni, de l'autre côté d'une table couverte d'offrandes, se trouve, debout, une femme, qui, d'après l'inscription peinte derrière elle, était sa fille Ata, fille de la dame Sobk ou Sebek. Un des fils du mort est debout devant la table d'offrandes; il porte la main droite au grand bâton sur lequel s'appuie son père : c'est « son fils chéri Res ». Les couleurs se sont conservées à merveille.

---

1. H.-O. LANGE, *Zwei Inschriften der Fürsten von Hermonthis* dans la *Zeitschrift für ägyptische Sprache*, vol. xxxiv, p. 25-35 (Leipzig, 1896); l'inscription de Copenhague, l. c., p. 26-33.

III

ON trouve à la Glyptothèque un bon nombre de monuments intéressants du nouvel empire ou seconde période thébaine, parmi lesquels on compte plusieurs statues et statuettes de divinités.

Citons tout d'abord la statue en basalte du dieu Anubis, assis, le plus grand spécimen existant : E 58 (A 51 ; Inv. N° 33). Le monument, qui date du règne du roi Aménophis ou Aménophthès III, a été figuré dans la première série, p. 2, d'après la planche Bruckmann 199. Les inscriptions hiéroglyphiques ont été publiées en 1894, par M. Legrain [1].

Une statue en bronze du dieu Seth, transformée dès l'antiquité en statue du dieu Khnoum ou Knoubis : E 62 (A 55; Inv. N° 365), présente un intérêt exceptionnel [2]. On la trouvera reproduite dans la première série, p. 2, d'après la planche 198.

---

1. G. LEGRAIN, *Textes recueillis dans quelques collections particulières* dans le *Recueil de Travaux relatifs à la Philologie et à l'Archéologie égyptiennes et assyriennes*, vol. XIV, p. 54, n° 1 (Paris, 1893).

2. Voir G. LEGRAIN, *Une statue du dieu Set* dans le *Recueil de travaux relatifs à la Philologie et à l'Archéologie égyptiennes et assyriennes*, vol. XVI, p. 167-169 (Paris, 1894). Quant à l'animal du

Une tête du dieu Amon : E 61 (A 54; Inv. N° 35), offre des traits de ressemblance avec le roi Armaïs (Haremheb). C'est vraisemblablement une statue du dieu, faite lors de la restauration du culte d'Amon à Thèbes, à la fin de la xviii° dynastie. Elle est figurée dans la première série, p. 4, d'après la planche 211B.

Parmi les statues et statuettes de personnages privés, dont plusieurs de premier ordre, citons les suivantes :

Groupe E 64 (A 138; Inv. N° 74) du deuxième prophète d'Amon, Amosis ou Ahmès, et de sa mère Bekt-ra ou Bekt-rê, contemporains de la xviii° dynastie, figuré dans la première série, p. 2, d'après la planche 196.

On trouvera dans l'*Appendice épigraphique* la copie des inscriptions qui couvrent ce groupe, figure 8 A-H, planche 3-5. Ces inscriptions avaient été publiées d'abord par M. Legrain, en 1892 [1].

Le monument E 66 (A 57; Inv. N° 49) nous montre Aménophis ou Aménophthès (Amen-hotep) agenouillé, tenant devant lui une stèle sur laquelle se

---

dieu Seth, le professeur Alfred Wiedemann, de Bonn, a émis l'idée qu'il n'était autre que l'okapi. Cette opinion a été combattue dernièrement par le zoologue danois Adolf Jensen, dans un mémoire inséré dans une revue illustrée danoise ; voir ADOLF S. JENSEN, *Okapien og Guden Set* dans le *Maaneds Magasin* 1909, p. 825-830 (Copenhague, 1909) : l'okapi n'est jamais sorti des forêts tropiques de l'Afrique centrale ; la tête de l'animal du dieu Seth est sans doute celle de la girafe.

1. G. LEGRAIN, *Textes recueillis dans quelques collections particulières* dans le *Recueil de travaux relatifs à la Philologie et à l'Archéologie égyptiennes et assyriennes*, vol. XIV, p. 54-55, n° 2 (Paris, 1894).

trouve gravé un hymne au dieu solaire Ra-Tum. Il est figuré dans la première série, p. 2, d'après la planche 197. L'inscription est reproduite dans l'*Appendice épigraphique*, figure 9 (planche 6).

Bas-relief E 95 (A 86; Inv. N° 42) en calcaire reproduisant la tête du roi Séthos Ier, accompagnée du prénom royal, d'un travail très fin; figuré dans la première série, p. 3, d'après la planche 202.

Le bas-relief E 96 (A 87; Inv. N° 61), sur lequel se lit le nom de Ramsès III, n'est pas d'un très bon travail; on peut même douter de l'authenticité de l'inscription. Il est figuré, première série, p. 3, d'après la planche 203.

Un fragment de stèle E 103 (A 94; Inv. N° 31) présente un certain intérêt; il est figuré, première série, p. 5, d'après la planche 212B.

Passons maintenant aux monuments de notre nouveau recueil :

Figure 18 : E 844 (Inv. N° 2444). Tête colossale d'un roi d'Egypte; le reste de la statue a disparu. La tête date probablement de la xviiie dynastie. M. Capart la compare à une statue du Musée du Caire, découverte à Karnak et publiée par M. Legrain [1]; elle figure le roi Aménophis ou Aménophthès II, dont notre tête, par conséquent, paraît donner l'image.

Figure 19 : E 63 (Inv. N° 1973). Tête d'un roi égyptien, horriblement mutilée. Le nez, la bouche et le menton avec la barbe ayant été détruits, ils ont été restaurés dans la Glyptothèque, par le sculpteur

---

1. G. LEGRAIN, *Statues et statuettes de rois et de particuliers*, vol. 1 (Catalogue général du Musée du Caire), pl. XLIV (Le Caire, 1906).

M. Nielsen. La tête, qui porte le klaft, date probablement de la xviiie ou de la xixe dynastie. La tête paraît présenter une certaine ressemblance avec la figure de Thotmès III.

Figure 20 : E 75 (Inv. N° 74). Statuette anonyme d'un Égyptien, debout, tenant devant lui l'image d'un dieu, peut-être Amon, la tête surmontée des deux plumes. La statuette paraît dater de la xixe dynastie.

Figure 23 A et B : E 846 (Inv. N° 2319). Tête d'une statue provenant d'Ashmounein, l'ancienne Hermopolis. Les restes d'une inscription gravée au sommet de la tête donnent le nom du personnage : Thot-hotep (xviiie dynastie).

Figure 22 : E 93 (Inv. N° 47). Fragment d'une paroi provenant probablement d'un temple de Memphis. Le dieu Osiris, tenant le sceptre de Koukoupha, debout sur l'aune, accompagné de deux colonnes d'inscriptions hiéroglyphiques; des fragments d'un protocole royal, peut-être celui de Séthos Ier.

Figure 25 : E 97 (Inv. N° 1233B). Fragment d'inscription au nom du roi Thotmès III.

Figure 26 : E 847 (Inv. N° 2320). Bas-relief en calcaire; tête d'homme (xviiie dynastie ?).

Figure 21 : E 117 (Inv. N° 48). Fragment d'un sarcophage en granit, ayant appartenu au trésorier Taa. Le dieu Thot y est figuré debout. D'ordinaire, sur les sarcophages de ce type, Thot est quatre fois représenté sur les côtés extérieurs : de chaque côté, à la tête et aux pieds. Au milieu des côtés on voit habituellement les génies funéraires et Anubis (fin de la xviiie ou commencement de la xixe dynastie).

Figure 28 : E 92 (Inv. N° 38). Fragment de bas-relief de la xviiie ou xixe dynastie, représentant une cérémonie funéraire célébrée dans une villa ou un jardin dépendant de la résidence d'un grand seigneur. A droite, au bord d'un bassin, un groupe de pleureuses; au-dessus du bassin, offrandes accumulées et personnages prosternés. Dans le bassin, qui occupe le milieu du relief, on voit représentés les lotus bleus et blancs, des poissons, un canard... au centre est une île sur laquelle se trouvent des monceaux de provisions. Une barque, conduite par un homme, manœuvre sur l'eau, semblant se diriger vers l'île. Malheureusement le relief est fortement effacé, le bloc de pierre ayant vraisemblablement servi de seuil ou de marche d'escalier dans une maison arabe.

Le jardin de notre bas-relief rappelle celui qui est représenté dans le tombeau de Meri-Ra, à Tell el Amarna [1]. On peut considérer comme certain que le bas-relief de Copenhague provient du tombeau d'un grand prêtre de Memphis, peut-être de celui-là même auquel ont appartenu les fragments de Berlin, spécialement le n° 12411 [2].

Figure 27 : E 91 (Inv. N° 45). Fragment d'un pilier d'un tombeau memphite. Sur un des côtés, le défunt, en riche toilette, est agenouillé sur le sol, les bras levés en signe d'adoration. L'inscription nous apprend que c'est un boulanger du roi Ramsès II. La sculpture de relief est plus soignée que la gravure des hiéroglyphes qui sont négligemment gravés. On trouvera dans l'*Appendice épigraphique*, fig. 14, planche 8, la

---

1. N. DE G. DAVIES, *The Rock-Tombs of El Amarna*, vol. 1, pl. XXXII, comp. p. 40-42 (Londres, 1903).

2. HENRY MADSEN, *Aus dem Hohenpriestergrabe zu Memphis* dans la *Zeitschrift für ägyptische Sprache*, vol. XLI, p. 110-113 (Leipzig, 1904).

copie des noms et titres de Ramsès II, gravés sur l'une des faces du pilier.

Les planches suivantes donnent la reproduction de stèles du nouvel empire, provenant en majeure partie de Memphis :

Figure 24 : E 106 (Inv. N° 1247). Fragment de stèle. On y lit un hymne à Ptah et à Sekhemt ou Sekhmet, son épouse. Ces deux divinités étaient représentées à la partie supérieure de la stèle, à présent mutilée. L'auteur de la stèle, appelé Sekhmet-mer ou Mer-Sekhmet, est agenouillé dans la pose de l'adoration; il porte le riche vêtement à la mode à la fin de la xviiie dynastie. Une copie du texte est donnée dans l'*Appendice épigraphique*, figure 13 (planche 14).

Figure 29 : E 111 (Inv. N° 114). Petite stèle : Un homme, nommé Luma ou Ruma, accompagné de sa femme Amaa et de son fils Ptah-em-hib, présente une offrande à une divinité non figurée. L'inscription spécifie qu'il s'agit de la déesse « Astarté, la Syrienne ». On sait, en effet, que cette déesse recevait un culte à Memphis. Flinders Petrie en a découvert une preuve nouvelle au cours de ses fouilles [1] : un fragment de stèle datée de Menephtah montre la déesse Astarté en compagnie du dieu Ptah. H. Brugsch a publié en 1862 une inscription hiéroglyphique, trouvée à Memphis, mentionnant Astarté [2]. Elle est représentée sur un relief du temple d'Edfou, etc. La

---

1. W.-M. Flinders Petrie, *Memphis* vol. 1, pl. xv, fig. 37; comp. l. c., p. 8 et p. 19 (Londres, 1909).
2. H. Brugsch, *Recueil de Monuments égyptiens*, vol. 1, pl. iv. (Leipzig, 1862).

stèle de Copenhague a été étudiée par Henry Madsen [1].

Figure 30 : E 107 (Inv. N° 1233G). Stèle à deux registres. Au registre supérieur, le scribe royal, inspecteur des troupeaux d'Amon-Ra, Renpet-nofr, reçoit les offrandes que lui présentent deux prêtres : S-vaz-f et Qa. Au second registre, on voit le prêtre S-vaz-f consacrant un monceau d'offrandes ; derrière lui deux pleureuses accroupies sur le sol, puis encore une femme et un enfant offrant.

Figure 36 : E 109 (Inv. N° 54). Stèle achetée à Gizeh. Le dieu Ptah reçoit l'adoration d'un certain Nofr-ab. En dessous, petit hymne au dieu.

Figure 34 : E 855 (Inv. N° 2315). Stèle, découverte par Petrie en 1908, dans ses fouilles de Memphis [2]. L'homme qui fait l'offrande à Ptah tient en main un petit brasier.

Figure 33 : E 856 (Inv. N° 2314). Stèle de même provenance que la précédente : une dame fait offrande au dieu Min [3].

Figure 31 : E 857 (Inv. N° 2317) et figure 32 : E 858. Stèles avec représentation d'oreilles. Sur la première, on voit cinq oreilles à côté desquelles se lit le nom du dieu Ptah ; sur la seconde, mutilée au sommet et en bas, on voit encore dix-sept oreilles (22 originairement ?). Ces stèles à oreilles avaient été

---

1. HENRY MADSEN, *Zwei Inschriften in Kopenhagen* dans la *Zeitschrift für ägyptische Sprache*, vol. XLI, p. 114-115 (Leipzig, 1904).

2. W.-M. FLINDERS PETRIE, *Memphis*, vol. I, pl. XIV, fig. 32 (Londres, 1909).

3. W.-M. FLINDERS PETRIE, *Memphis*, vol. I, pl. XVI, fig. 41 ; comp. l. c., p. 8.

déposées dans le temple de Ptah, à Memphis, et on espérait qu'elles engageraient le dieu à prêter au dédicateur une oreille favorable. Les deux stèles de Copenhague ont été publiées par Petrie, qui les découvrit avec de nombreuses semblables à Memphis [1].

Les figures 35 et 37 montrent des monuments relatifs au culte du taureau Mnévis, d'Héliopolis. Mnévis est la forme grecque du mot égyptien, probablement prononcé Mer-oëri et désignant le taureau blanc du soleil, l'animal sacré d'Héliopolis.

Les monuments consacrés au culte de Mnévis sont rares. Les deux stèles de la Glyptothèque proviennent d'une fouille exécutée par Paul Philip, le marchand du Caire bien connu.

Figure 37 : E 112 (Inv. N° 340). Stèle. Le fils royal de Ramsès, Mentu-her-khopesh-f, adore le dieu Mnévis, représenté avec une tête de taureau sur un corps d'homme. L'inscription donne au dieu le nom de « Meru, vicaire de Ra ».

Figure 35 : E 113 (Inv. N° 341). Stèle. Le blanchisseur du temple de Ra, Apia, est à genoux, en adoration ; devant lui un court hymne à « Mnévis, vicaire de Ra, dieu grand, roi d'Héliopolis [2] ».

Au registre supérieur, sous le disque ailé, on voit le taureau Mnévis, ou plutôt sa statue posée sur un piédestal devant lequel est placé un autel.

Figures 38, 39, 40, 41 et 42 : E 118 (Inv. N° 62).

---

1. W.-M. FLINDERS PETRIE, *Memphis*, vol. I, pl. XI, fig. 18 et pl. IX, fig. 26 ; comp. l. c., p. 7-8 ; voir aussi W. SPIEGELBERG dans le *Recueil de travaux*, vol. XXVI, p. 56 (Paris, 1904).

2. Sur le culte de Mnévis, voir AHMED BEY KAMAL, *Chapelle d'un Mnévis de Ramsès III*, dans le *Recueil de travaux*, vol. XXV, p. 29-37 (Paris, 1903).

Dessins de scènes peintes sur un cercueil de momie de l'époque de la xxie dynastie.

La figure 38 nous montre le mort étendu sur un lit, protégé par le dieu Anubis et veillé par les déesses Isis et Nephthys. Sur la figure 39, nous voyons le reliquaire d'Osiris, à Abydos, adoré par les deux mêmes déesses; à côté se trouve le faucon de l'Amenthès, le pays des morts. La figure 40 montre un bélier, symbole du dieu de Mendès, variété d'Osiris; la figure 41, un faucon mitré, symbole du dieu Sokaris, dieu des morts à Memphis, accompagné d'un serpent ailé, coiffé du disque solaire ; la figure 42, un autre serpent ailé, emblème d'Osiris.

Figure 43 : E 854 A et figure 45 : E 854 B (Inv. No 2312). Linteau et montant de porte. Ces deux monuments, provenant des fouilles exécutées par Flinders Petrie à Memphis [1] 1908, ont fait partie d'une construction du roi Si-Amon de la xxie dynastie. Les murs de cette construction étaient en brique crue et les portes seules en calcaire ; on en trouvera le plan dans le rapport des fouilles [2]. On connaissait jusqu'à présent peu de monuments du roi Si-Amon, contemporain de David et de Salomon. Quelques blocs portant son nom avaient été découverts à Sân (Tanis) [3].

Au milieu du linteau on lit les deux cartouches

---

[1]. W.-M. FLINDERS PETRIE, *Memphis*, vol. I, p. 12-13, comp., pl. I (Londres, 1909).

[2]. Le plan détaillé sera publié en 1910, par M. PETRIE, dans son *Memphis*, vol. II.

[3]. W.-M. FLINDERS PETRIE, *Tanis*, partie II, pl. VIII, fig. 145-150; comp., l. c., p. 36-37 et p. 11-12 (Londres, 1888) ; voir aussi *Tanis*, partie I, p. 8 et p. 17 (Londres, 1885).

royaux sculptés en grande dimension. A droite, le roi, accompagné d'un haut fonctionnaire appelé Onkh-f-n-maout, présente des offrandes au dieu Ptah et à la déesse léontocéphale Sekhmet; à gauche, la même scène se répète, mais en présence de Ptah et de la déesse Hathor à tête de vache. L'inscription en deux colonnes du montant se borne à énumérer les titres du roi et du fonctionnaire Onkh-f-n-maout.

La sculpture des figures est soignée et peut soutenir la comparaison avec les bonnes œuvres de la xviiie-xixe dynastie; les hiéroglyphes sont d'une exécution un peu inférieure.

Figure 44 : E 865 (Inv. N° 2367). Bas-relief représentant l'adoration des ancêtres. A droite on lit : « Il fait offrande ⸢⸣ aux pères », ou « aux ancêtres. » Cette légende se rapportait à un personnage qui a disparu et dont on ne voit plus qu'une partie d'un bras. Il présentait des offrandes aux personnages placés devant lui et dont quelques-uns sont heureusement conservés. Au registre inférieur, trois figures sont conservées; au-dessus, on voit encore les pieds de trois autres personnages. Ils sont assis, chacun dans un espace réservé; ils tiennent dans la main gauche un grand bâton, dans la droite une bandelette, tandis que, devant eux, une inscription donne leurs titres et noms. Le premier à droite s'appelle Râ-meri ou Meri-Râ, qui est le nom porté par un roi de la vi^e dynastie; un autre s'appelle Thotmès, nom porté par quatre rois de la xviiie dynastie. Le monument est peut être de l'époque de la xixe dynastie; cependant, il n'est pas impossible qu'il faille l'attribuer à l'époque saïte, où l'archaïsme était de mode aussi bien dans le style que dans le choix des noms.

Figure 46 : E 101 (Inv. N° 56). Fragment de bas-relief d'un tombeau, où l'on voit deux prêtres récitateurs présentant des offrandes à un mort ; l'un d'eux s'appelle Apiïmen, le nom de l'autre a disparu.

Figure 47 : E 102 (Inv. N° 1233 E). Fragment de bas-relief d'un tombeau, représentant quatre serviteurs apportant des fleurs, des oiseaux et une gazelle à longues cornes.

La date de ces deux derniers reliefs est douteuse, en l'absence de toute indication de provenance ; on hésite à les classer à la XIXe dynastie ou à l'époque saïte.

Nous avons déjà mentionné plus haut quelques inscriptions reproduites dans l'*Appendice épigraphique;* ce sont : *Appendice* figure 8 (planches 3-5); figure 9 (planche 6); figure 13 (planche 14) et figure 14 (planche 8). On y trouvera, en outre, les inscriptions suivantes : figure 10 (planche 7), un hymne au dieu solaire sculpté sur une stèle tenue en main par un personnage agenouillé (E 67 ; Inv. N° 1176) [la partie supérieure de la statuette est d'un autre monument]; figure 12 A-E (planche 12-13) : inscriptions sculptées sur une table d'offrandes (E 115 ; Inv. N° 47), monument commémoratif d'une donation faite par le roi Séthos Ier au temple d'Héliopolis; figure 12 bis A et B (pl. 17) inscriptions provenant du tombeau d'un certain Amen-em-ant (E 100 ; Inv. N° 55); figure 13 bis (planche 22) : inscription sur une petite stèle tenue par un homme agenouillé; c'est un bref hymne au dieu solaire (E 68 ; Inv. N° 1210); figure 13 A-E (planche 9-11) et figure 14 bis A-D (planche 18-19) : inscriptions de deux grandes statues accroupies (E 70 et E 71 ; Inv. N° 835 et 1209); figure 15 bis A-F (planche 20-21) : inscription de la statue acéphale de Pa-er ou Pa-our (E 76 ; Inv. N° 50).

IV

ON n'avait, jusqu'à présent, qu'un nombre assez restreint de monuments de la période égyptienne, commençant vers 940 environ avec l'avènement de Sisak ou Sheshonq, le fondateur de la xxiie dynastie, et qui se termine au moment où Psamétik, prince de Saïs, eut réuni toute l'Égypte sous son sceptre, vers 665. Seul le Louvre, grâce à la découverte du tombeau des Apis, à Saqqarah, due à Auguste Mariette, offrait une série de monuments de cette époque. Dernièrement, la découverte de la grande favissa, ainsi que les fouilles de Karnak, exécutées par G. Legrain, sont venues enrichir le Musée du Caire d'une très importante série de documents datant de cette période. D'un autre côté, il se peut qu'un certain nombre de monuments, dont l'époque est peu aisée à déterminer, peuvent appartenir à la xxiie dynastie ou aux dynasties qui la suivent immédiatement.

Quelques monuments de la Glyptothèque doivent être cités ici. Ce sont, dans la première série de notre *Choix*, les pièces suivantes :

E 144 (A 127; Inv. N° 71.) Petite stèle du règne du roi éthiopien Tarkos ou Taharka (le Tirhaka de la Bible), reproduite dans la première série, p. 5, d'après la planche 212 c.

E 141 (A 128; Inv. N° 72.) Statuette en granit du dieu Osiris, dédiée par un grand personnage attaché à la reine éthiopienne Amon-iritis ou Amon-artis (l'Amonortaisis des Grecs), fille du roi Kashta et souveraine honoraire de la principauté thébaine. La statuette qui provient de la collection Sabattier a été figurée dans la première série, p. 4, d'après la planche 210 A. Les inscriptions en ont été publiées par Legrain en 1892 [1].

E 185 (A 172; Inv. N° 281.) Sarcophage en bois reproduit dans la première série, p. 3, d'après les planches 204-207, appartenant peut-être déjà à l'époque saïte. Un dessin au trait des frises peintes sur les côtés externes du sarcophage a été inséré dans le texte explicatif du grand ouvrage Bruckmann et dans la première série du *Choix*, p. 3. Cependant, ces dessins, dus à Mme Ingeborg Molesworth-Saint-Aubyn, née Muller, ne donnaient qu'une partie de ces frises; c'est pourquoi on a jugé utile de reproduire ici de nouveau ce monument avec les dessins complétés. (Voir figures 54-58.) Les figures de ces frises n'apparaissent jamais sur les cercueils ou sarcophages antérieurs à la XXII° dynastie; quelques-unes cependant se trouvent déjà de bonne heure gravées sur des bâtons courbés en os ou en ivoire. Ces derniers objets, dont le but était magique, ont été étudiés et publiés en grand nombre par M. Legge [2].

---

1. G. LEGRAIN, *Textes recueillis dans quelques collections particulières* dans le *Recueil de travaux*, vol. XIV, p. 53, n° 3 (Paris, 1893). Voir aussi *Catalogue de la collection Sabattier* (par le même), p. 2-3, n° 3.

2. F. LEGGE, *The Magic Ivories of the Middle Empire* dans les *Proceedings of the Society of Biblical Archæology*, vol. XXVII,

Passons aux monuments reproduits dans le présent recueil :

Figure 48 : E 142 (Inv. N° 1250). Fragment de bas-relief.

Deux dieux Nil, celui du nord et celui du sud, s'avancent l'un vers l'autre, apportant en abondance les productions du pays. On sait que la xxiie dynastie attribua une importance particulière au dieu Nil. Le style de notre monument ne s'oppose pas à ce qu'on l'attribue à cette époque.

Figure 52 : E 871 (Inv. N° 2298). Statuette en bronze de la déesse Maout. L'inscription tracée sur le devant du trône permet de l'attribuer à la xxiie dynastie ; en effet, si le premier cartouche royal n'est pas très aisé à lire, on peut cependant y reconnaître le prénom du roi Osorkon Ier, dont le nom est inscrit dans le second cartouche. Osorkon Ier est le successeur de Sisak Ier, le fondateur de la dynastie. En général, les statuettes en bronze que l'on voit dans les Musées datent de l'époque saïte ; la nôtre n'en présente que plus d'intérêt, puisqu'on peut la dater de la xxiie dynastie.

La déesse était représentée allaitant un enfant, probablement le dieu Khons (l'enfant a disparu actuellement). L'inscription gravée sur le devant du trône n'a été que partiellement conservée. On lit encore : « dit par Maout, la grande, la maîtresse du ciel... »

Figure 49 : E 143 (Inv. N° 1251). Fragment de stèle, acquis près des grandes pyramides de Gizeh. Malgré sa mutilation, ce fragment présente de

p. 130-152 avec 17 planches et p. 297-303 avec 4 planches (Londres, 1905).

l'intérêt : on lit à la première ligne les deux noms du roi Petibast, peu connu.

Le comte Stroganoff, à Rome, possède un fragment de statuette, en bronze, de ce roi [1]. Plusieurs inscriptions du même roi ont été découvertes par M. Legrain, à Karnak, et publiées par lui [2]. Ce roi Petibast est peut-être le fondateur de la XXIIIe dynastie de Manéthon. M. E. Revillout a fourni à son sujet divers renseignements [3].

Figure 51 : E 148 (Inv. N° 69). Fragment d'inscription gravée sur une planchette provenant du couvercle d'un cercueil rectangulaire en bois. On y lit : « Kheper, fille du grand prince héréditaire de Sa Majesté, Sisak. » C'est donc un fragment de cercueil d'un descendant de la maison royale de la XXIIe dynastie, fondée par Sisak Ier; le prince Sisak, fils du roi Osorkon II, portait le titre ici mentionné.

---

1. A. WIEDEMANN, *Inschriften aus der Saïtischen Periode* dans le *Recueil de travaux*, vol. VIII, p. 63-64 (Paris, 1886).
2. G. LEGRAIN, *Nouveaux renseignements sur les dernières découvertes faites à Karnak* dans le *Recueil de travaux*, vol. XXVIII, p. 151-159 (Paris, 1906).
3. E. REVILLOUT, *Les Congrès* dans la *Revue Égyptologique*, vol. IX, p. 131-133 (Paris, 1900); comp. VALDEMAR SCHMIDT, *Le Pharaon Petibast du papyrus démotique de Vienne* dans la *Revue Égyptologique*, l. c., p. 131.

V

La période saïte compte dans la Glyptothèque un nombre considérable de monuments. Quelques-uns ont été reproduits dans la première série du *Choix*. Citons-les d'abord :

E 150 (A 135; Inv. N° 154). Magnifique statuette en bronze du dieu Anubis, autrefois dans la collection Sabattier, reproduit dans la première série, p. 2, d'après la planche 200 de Bruckmann.

E 156 (A 145; Inv. N° 342). Statuette intacte, anépigraphe, représentant un Égyptien agenouillé, reproduite première série, p. 2, d'après la planche 201.

E 153 (A 141; Inv. N° 76). Statuette en albâtre, anépigraphe, d'un Égyptien debout, tenant devant lui un petit naos avec l'image de la déesse Neïth, reproduite première série, p. 5, d'après la planche 211 c.

E 157 (A 146; Inv. N° 84). Débris de statuette mutilée en pierre verte, très dure, reproduite première série, p. 4, d'après la planche 210 B. Les restes des inscriptions de ce dernier monument se trouvent dans l'*Appendice épigraphique*, figure 15 A-F (planche 15).

Citons parmi les petits monuments :

E 405 (A 400). Petit trône en bronze destiné à une divinité et devant lequel un adorant est agenouillé, reproduit première série, p. 5, d'après la planche 213 B.

E 375 (A 359). Brûle-parfum en bronze, reproduit première série, p. 5, d'après la planche 213 C.

E 151 (A 136). Tête d'Osiris en pierre calcaire, reproduite première série, p. 5, d'après la planche 213 A.

Citons encore ici un monument qui appartient peut-être à la basse époque saïte, mais qui, plus vraisemblablement, date de l'époque ptolémaïque : E 171 (A 158 ; Inv. N° 65), espèce de stèle sur laquelle on voit un faucon ou épervier, à tête humaine coiffée du casque d'Amon à deux grandes plumes, saisissant dans ses serres un ennemi abattu qui demande grâce ; reproduite première série p. 5 d'après la planche 212 D.

Passons aux monuments du présent recueil :

Figure 53 : E 872 (Inv. N° 2364). Stèle historique, datée de l'an III du roi Apriès, le Hophra de la Bible, et relatant une donation de terres au dieu principal de la ville de Mendès. Dans le texte, qui est partiellement mutilé, il est question d'un grand personnage, nommé Nessou-Hor, connu par d'autres monuments ; la dernière colonne lui donne le surnom de Psamétik-menkh. Le texte hiéroglyphique sera publié dans la suite de notre *Appendice épigraphique*.

Figure 50 : E 190 (Inv. N° 102). Ornement ayant décoré la momie de la dame Ze-maout-es-onkh (La déesse Maout dit et elle vit). L'inscription est gravée sur une planchette dorée posée sur la poitrine de la momie ; de chaque côté, on voit deux des génies funéraires, au-dessus un scarabée en lapis-lazuli, muni de deux ailes qui, de même que les génies, sont également en bois doré. Ces ornements étaient cousus sur les bandelettes extérieures de la momie, peut-être combinés avec un filet en perles comme on en trouve souvent à la basse époque ; le monument date d'environ 700 ans avant J.-C.

Les figures suivantes sont consacrées à des sarcophages et cercueils, dont quelques-uns sont peut-être antérieurs à l'époque saïte : par exemple le cercueil figuré sous les nos 54-58 ; le dernier cercueil (fig. 63) est certainement postérieur à Alexandre le Grand.

Figures 54-58 : E 185 (A 172). Sarcophage en bois peint : nous en avons parlé plus haut (p. 36).

Figures 60 et 61 : E 186 (Inv. N° 1272). Couvercle de sarcophage en calcaire, provenant d'Akhmim, au nom de Shep-min. La figure 61 donne, d'après un dessin, la partie droite du couvercle, la figure 60, le côté gauche, d'après une photographie. Au cou, le défunt porte un grand collier au-dessous duquel apparaît l'image de l'âme sous la forme d'un oiseau à tête humaine rasée, les ailes étendues. En dessous se trouve un gros scarabée, de chaque côté duquel sont les déesses Isis et Nephthys. Divers génies et dieux apportent au mort les parties essentielles de son corps, l'assurant d'une existence future. Des deux côtés quinze divinités ont été gravées, chacune avec indication de son nom ; ce décor est assez fréquent à l'époque saïte. Le mort lui-même, accompagné de son âme, oiseau à tête humaine, présente ses adorations aux divinités, et encore, il ouvre les portes d'un petit édicule d'où s'échappe l'image de l'âme. La figure 63 donne le détail d'une scène gravée sur le devant de l'espèce de socle sur lequel le couvercle, en forme de momie, paraît disposé. On y voit notamment le défunt et son âme recevant à boire d'une déesse qui sort d'un arbre.

Figure 59 : E 188 (Inv. N° 280). Cartonnage de momie, à fond blanc et orné de diverses scènes peintes, parmi lesquelles domine la couleur verte. Le nom de la défunte est Kep-ha-isit. Le cou de la défunte est orné d'une guirlande au milieu de laquelle se trouve une image du dieu Ra. En dessous on voit deux déesses debout dans les barques solaires du matin et du soir se passer de main en main un jeune enfant qui n'est autre que le soleil levant; c'est, en effet, un enfant dont la tête est engagée dans le disque ailé : en dessous de lui on lit le cartouche d'Osiris, chef des Occidentaux. C'est là un bon exemple de l'identification du dieu des morts, Osiris, avec le dieu solaire Ra. Au registre suivant le dieu Osiris est assis sur un lit; derrière lui les déesses Isis et Nephthys sont debout; sous le lit on voit deux figures féminines et les « quatre enfants d'Horus ». Horus lui-même, accompagné de Thot, offre à son père le signe de vie. Au troisième registre, la barque sacrée de Memphis, appelée Hennou. De chaque côté se retrouvent les deux déesses rencontrées précédemment. Entre elles et la barque on voit un prêtre, vêtu d'une peau de panthère et, peut-être, la défunte elle-même. La figure 62 donne, en dessin au trait, le détail de cette scène. Au dernier registre on voit un naos ou édicule renfermant l'image de dieu Sokaris(?), dieu des morts de Memphis. Les dieux ou génies à tête de faucon et de chien (Horus et Anubis?), présentent l'huile et les bandelettes.

Figure 64 : E 184 (Inv. N° 1271). Cercueil en bois, provenant du Fayoum. Les inscriptions, peintes en jaune, affectent le beau style des inscriptions saïtes. Le nom du défunt était Ze-Hor (Téos ou Takhos des Grecs). Ce nom de Ze-Hor ayant été porté par un roi de la xxxe dynastie, on pourrait en conclure que notre sarcophage date des derniers temps de l'indépendance égyptienne.

Figures 62 et 65. Nous en avons parlé précédemment (pages 42 et 41).

Figure 67 : E 882 (Inv. N° 2427). Sarcophage en basalte, presque intact, affectant un style assez analogue à celui du couvercle dont nous venons de parler (figure 64). Le visage porte la barbe osirienne. Une inscription hiéroglyphique sculptée sur la poitrine nous fait connaître le nom du défunt et celui de son père. Il était prophète et se nommait Khaâ-hapi ; le père était Thot-ei (« Thot vient ») ; la mère se nommait : Irè-i-n-bast (« Mon œil de Bast ou à Bast »). La Glyptothèque fit l'acquisition, en même temps que de ce sarcophage, d'un autre exactement semblable et découvert dans le même hypogée (E 883 ; Inv. N° 2428). C'est le cercueil de Thot-iritis ou Thot-artis, fils de Khaâ-hapi et de la dame Ta-qa-âa-ei (« la très haute vient »). On rencontre dans le Musée britannique un sarcophage, également en basalte, qui présente le même type, celui de la dame Onkht ou Ankht, B M 967 [33] ; l'inscription cependant présente un caractère différent : elle est disposée en trois colonnes verticales, et les hiéroglyphes ont été sculptés de la même manière que les caractères de l'inscription de Rosette, à Londres.

Figure 68 : E 884 (Inv. N° 2363). Couvercle de sarcophage en calcaire au nom de Thot-nekht. Une inscription hiéroglyphique disposée en cinq colonnes verticales donne le texte du chapitre XLII du *Livre des Morts*. Une ligne d'inscription est également gravée sur le socle réservé à la base du couvercle. Le monument date peut-être des derniers temps saïtes ou plutôt de l'époque ptolémaïque; la gravure des hiéroglyphes n'est pas très soignée. On observe, dans le Musée britannique, un sarcophage appartenant à un certain Khrod-Isis (B M 928 [1331]) qui affecte le même type que notre couvercle : l'inscription, qui est disposée en trois colonnes verticales, est aussi sèchement exécutée et rehaussée assez maladroitement des mêmes couleurs que sur notre couvercle.

Figure 66 : E 885 (Inv. N° 2366). Fragment de couvercle de sarcophage en calcaire, anépigraphe; le travail est meilleur.

Rattachons à cette série de sarcophages et cercueils une pièce encore, bien qu'elle soit d'une époque très postérieure.

Figure 63 : E 489 (Inv. N° 1411). Cercueil en bois, renfermant encore une momie ornée d'un masque ou buste en cartonnage doré. La momie a été ouverte et examinée à Copenhague. Le cercueil et la momie ont été décrits dans un journal illustré danois, en 1896 [1].

Figure 71 : E 269 (Inv. N° 2011). Tête en bronze du dieu Imouthès ou Imhotep, l'Asklépios des Grecs. La tête, très belle, a été acquise récemment. Son analogie très grande avec une tête de la collection Warocqué, à Mariemont [2], ainsi qu'avec la tête n° 8805

---

[1]. Voir Valdemar Schmidt, *Ægyptiske Prinsesser* dans l'Illustration danoise *Hver 14 Dag*, vol. III, p. 26 (Copenhague, 1896).

[2]. Collection Raoul Warocqué, *Antiquités égyptiennes, grecques et romaines*; Mariemont, 1903, n° 4, p. 6.

du Musée de Berlin, pourrait faire concevoir quelques doutes sur son authenticité.

Figure 72 : E 271 (Inv. N° 1234 M). Statuette en terre émaillée, très finement travaillée, représentant le dieu Sokar ou Sokaris, adoré à Memphis (les pieds sont brisés). M. Petrie a découvert, en 1908, dans ses fouilles de Memphis, plusieurs statuettes analogues, mais de moins bonne exécution [1]. Les statuettes furent trouvées par Petrie associées à d'autres figurines et à de la céramique datée d'environ 300 avant J.-C. Au contraire, la statuette de Copenhague peut appartenir aux meilleurs temps saïtes, au VII ou VIe siècle.

Figures 69 et 70 : E 286 et 287 (Inv. N°s 180 et 181). Deux statuettes en terre émaillée représentant le dieu solaire Shou, agenouillé, levant les bras vers le ciel.

Figure 73 : E 179 (Inv. N° 217). Sphinx en calcaire, présentant de l'analogie avec les sphinx de l'époque de Nektanébos conservés au Musée du Louvre. La figure 74 suivante : E 488 (Inv. N° 1211), donne la reproduction d'un autre sphinx, très probablement de l'époque ptolémaïque. Les deux sphinx proviennent vraisemblablement de Memphis; ils ont été achetés à Gizeh.

Figure 75 : E 181 (Inv. N° 371). Grande statuette de chat en bronze, portant un collier orné de l'œil sacré (oudja).

Figure 76 : E 878 (Inv. N° 2456). Stèle achetée par M. Lange, à Arabat el Madfounah (Abydos), il y a une dizaine d'années. Elle présente de grandes

---

[1]. W.-M. FLINDERS PETRIE, *Memphis*, vol. 1, pl. XLVII; comp. l. c., p. 14.

analogies avec une stèle de la collection Münter [1]; sur toutes deux, une femme vêtue d'une robe à la mode à la basse époque, présente ses adorations au dieu Horus, en forme de momie. Une stèle du même genre se trouve à Munich [2]. On en rencontre aussi d'autre part, par exemple à Londres, dans le Musée britannique, des stèles en calcaire, sur lesquelles le dieu Horus hiéracocéphale est adoré par un Égyptien [3].

Figure 77 : E 178 (Inv. N° 1245). Stèle en calcaire dédiée au dieu Khenti-Khati, divinité principale du nome du taureau, dont la ville d'Athribis était la résidence. Le dieu momiforme, assis sur un trône, la tête surmontée du disque solaire, reçoit les adorations d'Onkh-Hapi et de son fils Osiris-nekht. Cette stèle a été étudiée par H. Madsen [4].

On trouvera dans les figures suivantes des stèles de basse époque provenant d'Akhmim et qui se rattachent à la nombreuse série du Musée du Caire [5].

Les stèles de la Glyptothèque, figures 77-80, ne présentent ni plus ni moins d'intérêt que la plupart des monuments de cette espèce. Elles sont toutes arrondies au sommet. Au-dessous du disque ailé on trouve le défunt en adoration devant diverses divinités

---

1. Voir Valdemar Schmidt, *Museum Münterianum. Collection de stèles égyptiennes...* pl. xx, 1. (Copenhague-Bruxelles, 1910).

2. W. Spiegelberg, *Aegyptische Grabsteine und Denksteine*, vol. ii (*München*, par K. Dyroff et B. Pörtner), pl. xxiii, n° 35; comp. p. 47 (Strassburg, 1904).

3. Voir *British Museum. A guide to the Egyptian Galleries (Sculpture)*, p. 269-270 avec pl. xxxviii (Londres, 1909).

4. H. Madsen, *Zwei Inschriften in Kopenhagen* dans la *Zeitschrift für ägyptische Sprache*, vol. xli, p. 115-116 (Leipzig, 1904).

5. Voir Ahmed Bey Kamal, *Stèles ptolémaïques et romaines*, vol. i et ii (Le Caire, 1904-1905).

appartenant au cycle d'Osiris. En dessous de cette scène, des textes donnent des formules funéraires.

Figure 79 : E 174 (Inv. N° 388). Stèle, avec neuf lignes et demie d'hiéroglyphes et une ligne et demie de démotique. La stèle a été faite pour une dame appelée Senesis, dont le nom est écrit She-n-isit ou Shet-n-isit. Récemment, le professeur Spiegelberg en a étudié le texte démotique[1].

Figure 78 : E 173 (Inv. N° 1242). Stèle de Pe-Ma, prophète d'Isis.

Figure 80 : E 176 (Inv. N° 389). Stèle, légèrement mutilée, au nom de Nes-Min, nom fréquent à Akhmim (Panopolis), où le dieu Min était la divinité principale.

Figure 81 : E 172 (Inv. N° 1234B.) Stèle d'un type légèrement différent. Ici, au-dessous du disque solaire, on voit deux scènes disposées symétriquement : à droite, le défunt, Iri-Hor-Uu ou Ma-Hor-Uu, adore le dieu Horus à tête de faucon ; à gauche, il adore une barque sacrée occupée par les dieux Isis, Thot et Horus. Le texte, disposé en colonnes verticales, contient un hymne au dieu solaire.

L'*Appendice épigraphique* contient peu de textes de l'époque saïte. Figure 15 (planche 15), donne les restes des inscriptions de la statuette brisée (E 157 = A 146 ; Inv. N° 84), figurée dans la première série du *Choix*, p. 4, d'après la planche Bruckmann 210 B.

Figures 15 et 16 (planche 16). Inscriptions des deux canopes E 191 et 192 (Inv. N°s 1174 et 1175).

---

[1]. W. Spiegelberg, *Die demotische Inschrift der Stele E 174 zu Kopenhagen* dans la *Zeitschrift für ägyptische Sprache*, vol. XLVI, p. 101-162 (Leipzig, 1909).

VI

LA période gréco-romaine, la domination de l'Égypte par les Ptolémées et par les empereurs romains, était représentée dans la première série du *Choix* exclusivement par des œuvres dues à des artistes grecs ou, tout au moins, s'étant inspirés de modèles classiques :

E 480 (A 449; Inv. N° 1499). Tête en basalte ou pierre noire, rappelant la tête d'Alexandre le Grand, achetée à Rome, reproduite première série, p. 3, d'après la planche Bruckmann, 208 A et B.

E 481 (A 450; Inv. N° 276) et E 482 (A 451; Inv. N° 1481). Têtes de type non égyptien, presque classique, reproduites première série, p. 4, d'après les planches Bruckmann 209 A et B et 211 D. Rien dans ces statues ne fait supposer qu'elles sont de travail égyptien, sinon les traces d'un pilier auquel les statues étaient appuyées, suivant une habitude artistique des Égyptiens.

E 516 et 517 (A 481 et 482; Inv, n° 394 et 395) et E 520-523 (A 485-488; Inv. N° 403, 397, 400 et 399). Bustes en plâtre d'époque romaine, reproduits première série, d'après les planches Bruckmann 214-219.

Dans le présent recueil, nous allons rencontrer plusieurs monuments exécutés, en style égyptien, pendant la domination ptolémaïque et romaine.

Mentionnons d'abord, sur notre frontispice, un sphinx en granit (E 511 ; Inv. 405), provenant de la villa de l'empereur Adrien, près de Tivoli ; sans doute l'œuvre d'un sculpteur grec, mais exécutée en style égyptien. Autrefois dans la collection de la Villa Borghèse, à Rome.

Figure 83 : E 458 (Inv. N° 91). Tête royale en calcaire très fin, soigneusement travaillée. La tête, qui a évidemment servi de modèle de sculpteur, présente un caractère saïte assez prononcé, mais paraît cependant dater de l'époque des Ptolémées plutôt que des temps saïtes proprement dits. Le petit monument ne donne pas une tête complète, mais seulement la partie de devant, ayant été coupé verticalement par le milieu derrière le visage. Le plan perpendiculaire, produit par la coupe, a été quadrillé par des lignes tracées à la pointe (voir fig. 82). On observe aussi des restes d'autres lignes horizontales parallèles qui paraissent avoir servi pour la détermination de la place des portions essentielles du visage.

Notre tête n'est pas très bien conservée ; le nez, la bouche et le menton ont été mutilés ; aussi la surface du plan vertical de derrière a été détruite à divers endroits ; il n'y reste que des débris des lignes tracées (voir fig. 82).

Des têtes de ce genre, ayant servi, dans l'ancienne Égypte, de modèles de sculpture, ne sont pas rares. Il y a, par exemple, un très joli exemplaire dans la collection égyptienne du Musée National de Copenhague. Des têtes semblables ont été trouvées quelquefois sur l'emplacement de plusieurs anciennes villes de l'Égypte. Le Musée du Caire en possède une belle collection, qui a été décrite par M. Edgar dans le grand catalogue du Musée [1]. Les têtes avaient été étudiées antérieurement par Mariette, qui a découvert la presque totalité des pièces de ce genre qui sont exposées au Musée du Caire [2]. Elles proviennent en partie de Saqqarah, en partie de Sân (Tanis) et en partie de Médinet-el-Fayoum (Crocodilopolis). Les têtes avaient été également étudiées par M. Maspero [3] et d'autres savants.

Figure 86 : E 160 (Inv. N° 347). Statuette en pierre verte d'un Égyptien agenouillé, tenant devant lui une statuette d'Osiris, assis sur son trône, le sceptre ordinaire du dieu et le fouet dans les mains. La statuette est coiffée d'une perruque différente des perruques ordinaires de l'époque saïte. Comme la statuette n'est pas très bien faite, elle pourrait, avec assez de probabilité, si elle est authentique, être attribuée à l'époque ptolémaïque plutôt qu'aux temps saïtes. Elle est anépigraphe.

Figures 88 et 89 : E 483 (Inv. N° 1990). Statue acéphale. Le personnage porte le costume macédonien qui apparaît pour la première fois sur les monuments égyptiens sous le règne de Ptolémée III Evergète [4].

---

1. C.-C. Edgar, *Sculptor's Studies and Unfinished Works* (Catalogue général du Musée du Caire, vol. xxxi), p. 9-43 avec pl. viii-xviii (Le Caire, 1906), voir aussi C.-C. Edgar, *Remarks on Egyptian Sculptor's Models* dans le *Recueil de travaux*, vol. xxvii, p. 137-150 (Paris, 1903).

2. A. Mariette-Bey, *Notice des principaux monuments du Musée de Boulaq*, n° 623-651, p. 232-233 (Le Caire, 1874).

3. G. Maspero, *Guide du visiteur au Musée de Boulaq*, p. 101 (Boulaq, 1883).

4. Voir Lepsius, *Denkmäler*, Abth. iv, Blatt. 21 et 23.

Plusieurs statues du Musée du Caire et des musées d'Europe, par exemple la Glyptothèque de Munich, fournissent des exemples de ce costume. Sur le pilier dorsal auquel s'appuyait la statue, une inscription hiéroglyphique, difficile à lire, a été gravée en trois colonnes verticales : fig. 89.

Figure 87 : E 492 (Inv. N° 284). Stèle représentant un roi, indéterminé, faisant offrande à Sérapis et Isis. L'encadrement de la stèle avec la superposition des disques ailés, reproduit l'enfilade des portes du sanctuaire. Au fond, le roi offre à Sérapis (Osiris-Hapi), figuré assis sur un trône, homme à tête de taureau, et à Isis. La gravure du relief est bonne ; les hiéroglyphes sont sèchement exécutés, entaillés profondément.

On trouve ensuite quatre stèles relatives au culte d'un dieu lion, provenant de Tell Mokdam dans le Delta, où se trouvait autrefois une des villes appelées Leontopolis par les Grecs et les Romains.

Figures 84 et 85 : E 500 et E 499, et figure 90 : E 498 (Inv. N° 294). Stèles. Au sommet, le disque ailé ; en dessous, un lion ou plutôt une statue de lion est posée sur un piédestal. Sur les stèles, figures 84 et 85, un disque solaire est posé sur la tête du lion. Sur la première, le nom du dieu est donné : c'est « Osiris lion ». Sur la seconde, d'autres divinités sont figurées: un dieu léontocéphale, la tête surmontée de la couronne Atef; un serpent à tête humaine portant le disque, les cornes et le signe hiéroglyphique « Isis » ; une déesse, la tête ornée du disque et des cornes. La stèle, fig. 90, nous montre un roi offrant au lion ; les cartouches sont restés vides.

Figure 91 : E 501 (Inv. N° 291). Stèle. Un roi fait une donation de terres au dieu lion, représenté, cette fois, sous une forme d'homme à tête de lion surmontée de la couronne Atef [1]. (Travail assez grossier.)

Une stèle analogue aux nôtres est conservée à Leipzig [2], une autre, à Bonn [3], une troisième au Musée d'Alexandrie [4]. On lit sur cette dernière stèle une inscription hiéroglyphique : « le lion vivant ».

La même inscription, également en caractères hiéroglyphiques, se lisait sur une stèle qui, en 1896, se trouvait en la possession de M. Alexandre Dingli au Caire. On lisait sur cette stèle outre « le lion vivant », encore en hiéroglyphes les mots : « Ptolémée vivant à jamais » [5].

Figure 92 : E 538 (Inv. N° 296). Plaque en calcaire avec figures en relief, vraisemblablement un travail d'élève, de l'époque d'Adrien. Le style des figures rappelle celui des bas-reliefs de la catacombe de Kom-ech-Chougafah, à Alexandrie. Au milieu est figuré, debout, un dieu à tête de lion, portant la coiffure caractéristique d'Osiris.

A droite et à gauche, on voit, posés chacun sur une base, un lion sur le front duquel se dresse un uræus, et un faucon couronné du pschent. Au-dessus du faucon

---

[1]. Voir pour cette stèle et les stèles suivantes U. WILCKEN dans *Archiv für Papyrusforschung*, vol. IV, p. 241-242 (Leipzig, 1907).

[2]. WILCKEN, *l. c.*, p. 242 (d'après une communication du professeur G. STEINDORFF).

[3]. W. SPIEGELBERG, *Aegyptische Grabsteine und Denksteine*, vol. III (par A. WIEDEMANN et B. PÖRTNER), pl. X, n° 27 ; voir p. 30-32 (Strassburg, 1906).

[4]. G. DARESSY, *Inscriptions hiéroglyphiques du Musée d'Alexandrie* dans les *Annales du service des antiquités*, vol. V, p. 119 (Le Caire, 1904) ; comp. BOTTI, *Notice*, p. 17 (1893).

[5]. Voir GUSTAVE LEFEBRE, *Inscriptions grecques d'Égypte* dans le *Bulletin de Correspondance Hellénique*, vol. XXVI, p. 453-454, d'après une communication de M. JOUGUET (Paris, 1902).

on a représenté un petit urœus coiffé du disque et des cornes. Dans le bas des socles sur lesquels sont placés les animaux sacrés, on a figuré deux Bès, l'un masculin et l'autre féminin.

Figure 94 : E 510 (Inv. N° 1252). Fragment d'une inscription démotique sur pierre, acheté au Fayoum, malheureusement mutilé de manière à rendre impossible une traduction. M. le professeur Spiegelberg vient de lui consacrer une savante étude accompagnée d'une transcription et de notes explicatives [1]. Le texte lui paraît avoir été une sorte de contrat ; il croyait d'abord, dit-il, qu'il y était question d'un règlement d'une société de particuliers associés pour le culte des dieux, présentant une certaine analogie avec les règlements de sociétés dont il venait de publier quelques exemplaires sur papyrus, dans un des volumes du catalogue du Musée du Caire [2]; mais il a dû abandonner cette idée.

Figure 93 : E 505 (Inv. N° 287). Stèle à inscription bilingue, démotique et grecque. Dans le sommet de la stèle se trouve le disque ailé, orné de deux urœus coiffés du disque. En dessous, le signe du ciel supporté par deux sceptres, sépare le cintre de la scène principale : le mort, en forme de momie, protégé par Anubis, est présenté à Osiris et Isis. L'inscription démotique a été traduite par M. P.-A.-A. Boeser [3] :

---

1. W. SPIEGELBERG, *Bruckstück eines Vertrages aus der Ptolemäerzeit* dans la *Zeitschrift für ägyptische Sprache*, vol. XLV, p. 99-100 avec pl. IV (Leipzig, 1909).

2. W. SPIEGELBERG, *Demot. Papyrus, Kairo*, p. 25 et p. 337.

3. P.-A.-A. BOESER, *Zur Lesung der demotischen Gruppe....* dans la *Zeitschrift für ägyptische Sprache*, vol. XLV, p. 101-102 (Leipzig, 1908).

« Que vive l'âme de Pe-ti-min, fils d'Horus, auprès d'Osiris, le dieu grand, éternellement. » L'inscription grecque a été lue par le même auteur qui se basait sur une restitution du texte, due au professeur Steindorff :

ΠΑΝΙΣΚΟΥ ΩΡΟΥ ΤΟΥ ΚΑΙ ΣΦΗΚΟΣ

« [mémoire] de Paniskos, fils d'Horus, aussi appelé Sphex ». M. Spiegelberg[1] s'est récemment occupé de cette stèle ; il lit le groupe démotique, lu Hor par Boeser, 𓅃𓊖 Har-khebis, c'est-à-dire « Horus de la ville de Khemmis ». Le nom de la ville s'écrit par le signe de la guêpe 𓆤, ce qui explique le surnom du père de Paniskos dans la partie grecque de l'inscription.

Figure 95 : E 509 (Inv. N° 1238D). Stèle à inscription grecque. Nous avons donné dans la première édition de notre catalogue danois (1899) une copie de la partie de l'inscription grecque alors lisible ; cette copie a été étudiée par M. Strack, en 1903[2]. Depuis, la stèle a été nettoyée, d'après l'ordre de la direction de la Glyptothèque, et ensuite étudiée par U. Wilcken[3] qui, pendant un séjour à Copenhague, a pu lire entièrement les quatre premières lignes et rectifier une

---

1. Voir la notice de M. Spiegelberg dans la *Zeitschrift für ägyptische Sprache*, vol. XLV, p. 101-102 (Leipzig, 1909) à la suite de l'étude du savant professeur, sur la partie démotique de la stèle E 174 de la Glyptothèque.
2. Max L. Strack, *Inschriften aus Ptolemäischer Zeit*, III dans *Archiv für Papyrusforschung*, vol. III, p. 131-132 (Leipzig, 1903).
3. U. Wilcken, *Bibliographie* dans *Archiv für Papyrusforschung*, vol. IV, p. 263-264 (Leipzig, 1907).

erreur de la première copie : il faut lire l'an XIII, au lieu de l'an III. L'inscription, datée de l'an XIII, le 20 Méchir de Ptolémée XIII Néos Dionysos, ce qui correspond au 21 février de l'an 67 avant J.-C., est relative à une dotation de terrain faite à Isis-Es-em-kheb, par les membres d'une confrérie en l'honneur de cette déesse. Le président de la confrérie était un certain Hélénos qui, d'après Strack, peut être le même que l'on retrouve plus tard comme gouverneur de l'île de Chypre.

La stèle a été achetée au Fayoum et provient peut-être de Dimeh, dont le nom grec était Soknopaiou Nesos « l'île du dieu Soknopaios ». La déesse Isis-Es-em-kheb, dont il est question dans le texte, était sans doute la principale divinité de Dimeh-Soknopaiou-Nesos [1]. Le lieu de culte le plus célèbre de cette déesse était dans le Delta, à Khemmis, ville dont les auteurs anciens font souvent mention.

Voici la copie de l'inscription avec les restitutions de M. Wilcken :

Ὑπὲρ βασιλέως Πτολεμαίου Θεοῦ Φιλοπάτορος
καὶ Φιλαδέλφου Ἴσιδι Ἐσεγχῆβει Θεᾷ μεγάλῃ
οἱ ἐκ τῆς Ἐσεγχηβιακῆς συνόδου ὦν συναγωγὸς
Ἕλενος ὁ τό[π]ος νό[του] ἐπὶ βο[ρρᾶ] ἀφ' οὗ οἰκο[δόμησεν]
    Ἕλενος περιβό[λου] ἕως
τοῦ δρό[μ᾿υ]....... [τ]οῦ κωμα[στηρίου] ἕως τοῦ ἱεροῦ.
Ἔτους ιγ Μεχ[ίρ]Κ.

[1]. Sur la déesse Es-em-khebi, voir W. SPIEGELBERG, *Varia* dans le *Recueil de travaux*, vol. XXVIII, p. 182 (Paris, 1906). Voir aussi OTTO, *Priester und Tempel im Hellenistischen Aegypten*, vol. I, p. 410 (Leipzig, 1906), où il donne une explication erronée du nom Es-em-kheb.

Figure 96 : E 507 (Inv. N° 1238c). Stèle à inscription grecque, malheureusement assez mutilée. On distingue cependant un roi faisant offrande à un dieu. L'inscription grecque de quatre lignes ne peut se lire entièrement. On lit dans les deux premières lignes :

Ἀγαθῇ Τύχῃ. Σοκνοπαίου θεοῦ μεγάλου μεγάλου καὶ Εἶσις (?) Νεφέρσηι καὶ Νε-;

A la troisième ligne on lit encore une fois « Soknopaios » et à la fin de la quatrième, le mot ΓΥΝΗ « épouse ». Soknopaios est une forme du dieu Sobk ou Sebek (en grec Soukhos), adoré dans le Fayoum. D'après Brugsch, le nom est une transcription de Sobk-n-p-aa « le dieu Sobk dans l'île ». En effet, Dimeh, le centre du culte du dieu, était, dans l'antiquité, une île du lac du Fayoum dont le Birket-el-Karoun de nos jours n'est plus qu'un faible reste.

Figure 97 : E 506 (Inv. N° 1253). Inscription grecque de 10 lignes. Une copie en a été publiée dans la première édition du catalogue danois de la section égyptienne de la Glyptothèque (1899). De là elle a été reprise par M. Strack[1], qui l'a étudiée, puis elle a été reproduite dans le *Choix* d'inscriptions grecques de M. Dittenberger[2].

Notre inscription vient probablement de Tell Mokdam, ainsi que les stèles figures 84, 85, 90 et 91, et elle date du règne de Ptolémée V Épiphane (205-181

---

1. Max L. Strack, *Inschriften aus Ptolemäischer Zeit III* dans *Archiv fur Papyrusforschung* (dirigé par le professeur U. Wilcken), vol. III, p. 127 (Leipzig, 1903).

2. W. Dittenberger, *Orientis Graeci Inscriptiones selectae. Supplementum Sylloges Inscr. Graec.* vol. II, p. 472, n° 732 (Leipzig, 1905).

avant J.-C.). Ainsi que l'a fait observer M. Strack, la reine se nomme seulement Kléopatre, sans aucun surnom; il n'est pas non plus question d'enfants : cela indique que l'inscription appartient aux premiers temps du mariage du roi. En ce moment une grande partie de l'Égypte était en pleine révolte, et les monuments devaient nécessairement s'en ressentir : l'inscription parle de réparations faites au « temple du lion ». Le lapicide a écrit par erreur ΚΑΕΟΠΑΤΡΑΙ pour ΚΛΕΟΠΑΤΡΑΙ. Voici la copie corrigée de l'inscription :

> Βασιλεῖ Πτολεμαίωι
> Θεῶι Ἐπιφανεῖ καὶ Εὐχαρί-
> στωι καὶ βασιλίσσηι Κλεο-
> πάτραι Ἀπολλώνιος Ἀν-
> τιπάτρου γραμματεὺς
> Ὀρνυμένους ὁ καὶ τὸ ἱ-
> ερὸν τοῦ Λέοντος καὶ
> τᾶλλα τὰ προσκύροντα
> τῶι ἱερῶι ἱδρυμένος ὑ-
> πὲρ αὐτῶν.

Figure 98 : E 532 (Inv. N° 1238 F). Stèle à inscription grecque métrique. A droite a été sculpté en haut-relief la figure d'un enfant accompagné d'un chien avec lequel il paraît jouer. Ici plus rien ne rappelle le style égyptien. Le chien appartiendrait, prétend-on, à la race de chiens dite d'Erment; plusieurs statuettes en terre cuite de la Glyptothèque reproduisent ce type.

L'inscription grecque gravée dans un encadrement a été déchiffrée et expliquée par l'éminent helléniste, M. Théodore Reinach. La transcription suivante nous a été aimablement communiquée par M. Seymour de Ricci :

ΤΟΝΠΡΟΓΕΙΝΑΜΕΝΟΝΕΥΗΚΟΟΝ ΟΣΤΑΠΡΕΠΟΝΤΑ
ΠΕΝΤΑΕΤΗΣ ΖΩΗΠΑΝΤΑ ΑΝΑΔΕΞΑΜΕΝΟΣ
ΥΙΟΣ ΙΑΣΟΝΟΣ ΑΛΛΑΤΑ ΔΥΣΜΟΡΑ ΝΗΜΑΤΑ
     ΜΟΙΡΕΩΝ
ΟΥΚ ΕΦΥΓΕΝ ΠΙΚΡΑ Δ(?)ΑΝΤΕ ΒΟΛΗΣΕ ΤΥΧΗ
ΑΛΛΑ ΚΑΤΑΧΘΟΝΙΟΙ ΔΗΘΕ(?) ΟΙ ΝΑΙΕΤΕ ΧΩΡΟΝ
ΔΑΙΜΟΝΕΣ ΙΛΕΙΟΙ ΕΠΙΧΑΡΕΙ ΔΕΧΕΤΕ

Ce qui se lit :

Τὸν προγειναμένον Εὐήκοον ὃς τὰ πρέποντα
    πενταετὴς ζωῇ πάντα ἀναδεξαμένος
Υἱὸς Ἰάσονος ἀλλὰ τὰ δύσμορα νήματα Μοίρεων
    οὐκ ἔφυγεν πικρὰ κ(?)αντεβόλησε τύχη
Ἀλλὰ καταχθόνιοι Λήθης οἱ ναίετε χῶρον
    δαίμονες ἴλειοι ἐπίχαρει δέχετε.

Voici la traduction : « Euekoos qui naquit de bonne heure et, cinq années en vie, accomplit tout ce qu'il faut, le fils d'Iason, néanmoins n'évita point les tristes fils des Mœres : il fut renversé par l'amère fortune. Mais vous, êtres souterrains, qui habitez le pays de Léthé, vous, divinités gracieuses, recévez-le avec joie ! »

Cette stèle date probablement des premiers temps de la domination des empereurs romains sur l'Égypte.

Figure 101 : E 533 (Inv. N° 311). Stèle anépigraphe ; enfant jouant avec un chien. Ce monument, évidemment contemporain de la stèle figure 96, est d'une assez gracieuse exécution. L'enfant semble avoir la tête rasée, à l'exception d'une longue mèche, coiffure traditionnelle des enfants égyptiens.

Les deux stèles suivantes appartiennent à une série de monuments qui n'est pas très nombreuse et représentant le défunt couché sur un lit, participant à un repas funéraire. Quelques spécimens de ces stèles, qui datent approximativement du II⁰ ou III⁰ siècle de notre ère, sont conservés dans les musées. Citons les Musées du Caire et d'Alexandrie et la collection von Bissing, à Munich.

Les stèles du Caire ont été décrites par M. Edgar [1] et, pour celles qui portent des inscriptions grecques, par M. Milne [2]. Le professeur Pfuhl, de l'Université de Bâle, a consacré une étude à ce type de stèles [3].

Figure 99 : E 508 (Inv. N⁰ 309). Stèle avec inscription grecque, au nom de la dame Athénarous. Ainsi que l'inscription grecque de deux lignes nous l'apprend, la défunte mourut à l'âge de 35 ans, l'an V d'un empereur romain, non déterminé.

Voici la transcription du texte :

Ἀθηναροῦς Ἀλκίμου φιλοτέκνου L$\overline{ΛΕ}$
L$\overline{Ε}$ Φαρμουθί $\overline{Β}$. Εὐσεβὴς εὐψύχι.

Inconnu jusqu'en 1903, le nom d'Athénarous a été découvert par Grenfell et Hunt dans un papyrus d'Oxyrhynkhos [4].

---

1. C.-C. Edgar, *Greek Sculpture*, p. 46-48 avec pl. XX-XXI et XXIV (Le Caire, 1903).
2. Milne, *Greek Inscriptions* (catalogue du Musée du Caire), pl. VIII et IX (Cambridge, 1905).
3. E. Pfuhl, *Alexandrinische Grabreliefs* dans les *Mittheilungen des D. A. Instituts : Athen. Abtheilung*, vol. XXVI, p. 297-304.
4. Grenfell et Hunt, *Oxyrhynkhos Papyri*, vol. III, p. 265-266, N⁰ 529 (Londres, 1905).

La dame, fille d'Alkimos « qui aime ses enfants », est couchée sous une espèce de portique, supporté par des colonnes papyriformes ouvertes.

L'animal d'Anubis, dieu des morts, est couché à proximité de la défunte, ce qui nous prouve d'ailleurs que la morte, bien que portant un nom grec, vivait conformément aux croyances et coutumes égyptiennes. L'artiste l'a représentée au moment où elle s'empare des provisions funéraires : devant elle on a disposé un guéridon, chargé de vases ou gobelets ; dans sa main droite elle tient une coupe ; sous le lit de repos, divers objets sont préparés de façon à répondre aux désirs de la défunte.

Figure 100 : E 508 bis (Inv. N° 310). Stèle anépigraphe du même type que la stèle précédente, fig. 98. L'aspect général est sensiblement le même.

Figures 106 et 107 : E 897 et E 898 (Inv. N° 2310 et 2311). Stèles funéraires avec représentation de la défunte, debout, les bras levés vers le ciel en signe d'adoration, dans une pose semblable à celle des orantes des catacombes.

Sur la stèle E 897 se trouve une inscription grecque gravée en sens inverse et qui nous apprend que la morte s'appelait Aphrodite, nom qui aurait pu difficilement être celui d'une chrétienne. On peut juger qu'il en était de même pour la stèle E 898 ; de chaque côté de « l'orante » on a gravé les figures de deux chiens ou chacals personnifiant le dieu Anubis.

Figure 103 : E 534 (Inv. N° 1238 a). Inscription grecque, monument funéraire d'un certain Scipion, mort le 9 Tybi de l'an x d'un empereur romain, peut-être Tibère ou Auguste : « Scipion, sans tristesse, porte-toi bien ! L'an x, Tybi 9. »

Figure 105 : E 893 (Inv. N° 323 m). Petite tête de jeune femme, en marbre, ayant fait partie probablement d'une statuette. Le petit monument, qui est finement travaillé et bien conservé, est évidemment l'œuvre d'un artiste grec ; la tête paraît être la reproduction d'un type de tête idéalisée remontant au III siècle avant J.-C. Ayant été achetée à Gizeh avec plusieurs autres têtes de peu de dimension, elle provient probablement de Memphis.

Figure 104 : E 539 (Inv. N° 324 a). Petite tête de Sérapis, en marbre, achetée à Gizeh, et provenant vraisemblablement de Memphis.

Les papyrus grecs et d'autres monuments datant de l'époque des Ptolémées et des empereurs romains parlent souvent du grand Sérapéion de Memphis [1], le même temple, semble-t-il, qui est appelé par Hérodote temple de Ptah [2]. Quant à la fameuse statue de Sérapis, à Alexandrie, nous renvoyons le lecteur au mémoire intéressant de M. W. Amelung, sur le Sérapis de Bryaxis [3]. Une autre petite tête de la Glyptothèque (E 540 ; Inv. N° 298), de la même provenance, est peut-être également une tête de Sérapis ou plutôt de Zeus.

Les figures 102-167 reproduisent une série de statuettes, en terre cuite, de l'époque romaine. Elles sont habituellement creuses, composées de deux pièces soudées ; la partie antérieure seule a été travaillée, vraisemblablement modelée dans un moule ; le dos est

---

1. W. BRUNET DE PRÊLE, *Mémoire sur le Sérapéum de Memphis* (Paris, 1852).
2. Her. II, 99, 141-142, etc.
3. W. AMELUNG, *Le Sérapis de Bryaxis* dans la *Revue Archéologique*, IV série, vol. II, p. 177-204 avec pl. XIV (Paris, 1903).

sans aucun ornement et montre la terre absolument lisse, parfois avec un trou d'évent. Depuis quelques années les ruines du Fayoum en ont fourni une quantité considérable et plusieurs musées, reconnaissant l'intérêt de ces petits monuments, s'occupent d'en réunir des collections. On en trouve des séries importantes au Caire et à Alexandrie, au Musée Guimet, au Musée britannique, dans les Musées de Berlin, Leipzig, Bruxelles, etc.

La plupart des statuettes sont des figures de divinités gréco-égyptiennes, dieux, déesses et animaux sacrés ; on trouve aussi des personnages comiques, des types empruntés à la vie réelle, exécutés parfois avec beaucoup de goût et un véritable génie satirique, de manière agréable et amusante.

Les statuettes les plus fréquentes sont celles d'Isis, d'Harpocrate et de Bès.

Isis et Harpocrate sont d'ordinaire représentés à la manière grecque ; de l'art égyptien, ils n'ont conservé que quelques ornements caractéristiques transformés en parures (voir fig. 108-115, 119 et 121, 123, 135-137).

Le dieu Bès, au contraire, a conservé le type égyptien grotesque (fig. 140).

Sérapis est peu fréquent (voir fig. 102) ; il remplace Osiris, dont l'image se rencontre sur les cartonnages, les masques en plâtre et sur les cercueils.

La déesse Pallas-Athéna-Minerve est plus souvent représentée, grâce à son identification avec la déesse Neïth de Saïs.

On rencontre aussi parfois des divinités grecques populaires et grotesques, telles que Silène et Priape (voir fig. 149).

Figure 102 : E 542 (Inv. N° 335 A). Petite statuette en terre cuite, représentant Sérapis, la tête ornée du modius. Le dieu est assis sur un trône à dossier élevé, dont les deux bras sont ornés de rosaces. A côté du pied droit du dieu se trouve une espèce de griffon, peut-être Cerbère. Exceptionnellement, le dos de cette statuette a été travaillé, assez sommairement il est vrai.

Les figures suivantes (108-114) représentent Isis, seule ou avec Horus enfant ou Harpocrate. Les figures 108 : E 544 (Inv. N° 330B) et fig. 109 : E 545 (Inv. N° 299) montrent la déesse assise, tenant Harpocrate sur son bras gauche et lui présentant le sein. Sur les deux statuettes, la déesse a la tête coiffée du disque et des cornes ; sur la première, elle est assise sur des feuilles d'acanthe ; sur la seconde, sur un trône à dossier élevé. Une statuette analogue à la statuette figure 109 se trouve au Musée de Berlin [1].

Figure 110 : E 549 (Inv. N° 330 E). Statuette d'Isis, debout, la tête ornée du disque et des deux plumes. La coiffure est disposée avec goût ; de longues tresses pendent de chaque côté sur les épaules ; le front est orné d'un diadème ; le vêtement qui descend jusqu'aux pieds est noué au moyen du « nœud isiaque », caractéristique des Isis de basse époque. La main droite paraît tenir un uræus, la gauche un vase.

Figure 111 : E 548 (Inv. N° 330 D). Statuette d'Isis, très semblable à la précédente, excepté que la main gauche paraît vide.

---

1. A. ERMAN, *La Religion égyptienne* (traduction par CHARLES VIDAL), fig. 142, p. 315 (Paris, 1907) ; édition allemande, p. 226. fig. 142.

Figure 113 : E 547 (Inv. N° 330 c). Statuette d'Isis. Ici la tête, couverte d'un voile, est ornée du disque, des cornes et des deux plumes. Au cou est un collier qui s'étale sur la poitrine. Le vêtement, qui est très long, couvre entièrement les pieds. La déesse, tenant en main une corne d'abondance remplie de fleurs, est accompagnée d'Harpocrate, figuré nu, portant à la bouche l'index de sa main droite.

Figure 114 : E 555 (Inv. N° 330 L). Buste d'Isis, posé sur un socle. Le buste, qui est creux, a servi de lampe. La tête, recouverte d'un voile, est ornée du disque et des deux plumes.

Figure 112 : E 551 (Inv. N° 330 G). Femme debout, portant un enfant à cheval sur la hanche gauche. Aucun emblème divin n'indique que cette statuette représente une déesse; la boucle isiaque du vêtement pourrait cependant faire supposer qu'il s'agit de la déesse Isis, portant Harpocrate, ou peut-être d'une prêtresse.

Figure 117 : E 556 (Inv. N° 330 M). Statuette de déesse, nue, ou plus exactement dévêtue; elle a laissé tomber son manteau dont un pan est représenté sur la cuisse droite. La déesse porte sur la tête une corbeille remplie de fruits, au milieu de laquelle se dresse un uræus. La présence d'un enfant, debout à côté de la jambe droite de la déesse, l'index à la bouche, peut faire songer à une représentation d'Isis accompagnée d'Harpocrate, ou encore à une représentation d'Hathor, la déesse égyptienne de la beauté, que l'on voit parfois aussi accompagnée d'un enfant. Deux statuettes de femmes ou déesses portant une corbeille au milieu de laquelle se dresse un uræus, sont conservées au Musée Guimet, où on les appelle « Isis Vertumna ». La Glyptothèque possède un fragment d'une pièce semblable (E 557). M. Schreiber a publié, dans le grand ouvrage sur l'expédition Ernst Sieglin à Alexandrie, trois statuettes de femmes portant des corbeilles pleines de fruits, au milieu desquels se dresse un urœus [1]. Sur une planche annexe, on voit deux autres femmes nues, portant des corbeilles vides [2].

M. Schreiber pense que ces statuettes représentent des pleureuses qui apportent des fruits et d'autres comestibles destinés à la nourriture du mort [3].

Figure 115 : E 554 (Inv. N° 330 K). Tête d'Isis (?). De la chevelure soigneusement arrangée émergent le disque et les deux cornes qui constituent une des coiffures habituelles de cette déesse.

Figure 118 : E 561 (Inv. N° 333 B). Figurine de femme nue, la tête ornée d'une couronne de fleurs (?), les bras et les pieds chargés de bracelets. Il s'agit probablement de la déesse Hathor, identifiée par les Grecs à leur Aphrodite, ou encore Isis qui, à la basse époque romaine, devint la principale déesse de l'Égypte. Une statuette semblable a été découverte en 1883-1884, par Flinders Petrie, à San (Tanis), dans les ruines d'une maison datant de l'époque romaine qui avait été saccagée et ensuite détruite par le feu [4]. Cette destruction daterait de l'an 174 de notre ère, probablement dans la révolte dite Buco-

---

1. Theodor Schreiber, F.-W. von Bissing (et d'autres), *Die Nekropole von Kom-esch-Schukâfa* (= Th. Schreiber, von Bissing, etc., *Expedition Ernst Sieglin : Ausgrabungen in Alexandria*, vol. 1, p. 230; Leipzig, 1908).
2. Schreiber, l. c., planche annexe (*Beiblatt*) v, voir fig. H et I.
3. Schreiber, l. c., p. 230, comp. p. 221-226.
4. W.-M. Flinders Petrie, *Tanis*, part. 1, p. 41-46 (Londres, 1885).

lique, qui, on le sait, fut réprimée par Avidius Cassius [1]. Une statuette en calcaire d'un homme vêtu du costume romain macédonien [2] fut découverte par M. Petrie dans les ruines de la maison. Sur le socle de la statuette se trouvait tracée une inscription démotique qui fut lue par M. Eugène Revillout : Bak-akhu « serviteur de la lumière ». C'était probablement le nom du propriétaire de la maison. Il était, à en juger d'après la nature des papyrus dont les restes furent recueillis dans les ruines, jurisconsulte. Petrie nous donne une description exacte des objets retirés des décombres, et il en fait figurer un certain nombre dans son ouvrage sur Tanis [3] ; parmi eux se trouve la statuette en question.

Divers autres exemplaires analogues à la figure 116 et à la figure 118 se trouvent dans plusieurs musées, par exemple au Musée Guimet et au Musée de Berlin [4]. M. Schreiber en a fait figurer deux exemplaires dans la grande publication de la mission Ernst Sieglin à Alexandrie [5]. M. Schreiber pense que ces figurines ont été déposées dans les tombeaux en guise de concubines du mort [6].

Figure 116 : E 563 (Inv. N° 333 D). Figurine analogue à la précédente : Déesse Hathor-Aphrodite ou

---

1. FLINDERS PETRIE, *l. c.*, p. 41-46.
2. Voir sur ce costume ci-dessus, fig. 83 (p. 51).
3. FLINDERS PETRIE, *Tanis*, part. 1 : Frontispice.
4. Une statuette de ce genre a été figurée dans le catalogue du Musée de Berlin : *Ausführliches Verzeichnis der aegyptischen Alterthümer und Gipsabgüsse*, p. 367, fig. 72, à droite (Berlin, 1899).
5. TH. SCHREIBER, *Die Nekropole von Kom-esch-Schukâfa* (= *Expedition Ernst Sieglin*), vol. 1, planche annexe (*Beiblatt*) IV, fig. 5 et 6.
6. SCHREIBER, *l. c.*, p. 234 et p. 250.

Isis ou bien une femme destinée à servir de concubine au défunt. On voit dans la Glyptothèque encore une troisième figurine du même genre, mais de plus petites dimensions (E 564, Inv. N° 333 E).

Le dieu Horus, ou plutôt Harpocrate, « Horus l'enfant », est représenté à la Glyptothèque par une série de statuettes très variée; nous nous sommes contentés de représenter les types les plus importants (fig. 119-138). On en trouvera également plusieurs spécimens dans la *Religion égyptienne* du professeur Erman [1]; une belle série en a été réunie au Musée Guimet.

Figure 119 : E 583 (Inv. N° 331 G). Harpocrate nu, la tête ornée d'une guirlande de fleurs que surmonte la double couronne royale; une mèche de cheveux pend derrière l'oreille droite. Le dieu est assis et porte à ses lèvres l'index droit.

Figure 121 : E 579 (Inv. N° 331 c). Harpocrate debout, le torse nu, le bas du corps couvert d'un manteau. La main droite se porte vers la bouche, l'index aux lèvres; de la main gauche, appuyée sur un socle, le jeune dieu tient une corne d'abondance. Près du pied droit, à terre, un vase est déposé.

Figure 120 : E 578 (Inv. N° 331 B). Statuette analogue à la précédente; sur le socle auquel s'appuie Harpocrate, on voit en plus un animal indéterminé, peut-être un griffon.

Figure 123 : E 595 (Inv. N° 331 T). Harpocrate debout, tenant de la main gauche un vase; la main

---

1. A. ERMAN, *La Religion égyptienne* (traduction par CHARLES VIDAL), p. 310-317, fig. 136-141 et fig. 148 (Paris, 1907); édition allemande, p. 222-225 (Berlin, 1905).

droite est posée sur le disque et les cornes d'un bélier sacré posé sur une base.

Figure 122 : E 597 (Inv. N° 331 v). Harpocrate nu, couché sur une fleur de lotus, portant la double couronne flanquée de deux bourgeons[1]. Le dieu tient, de la main gauche, un vase dans le fond duquel il plonge la main droite. Le lotus était peint : on remarque encore des traces de couleurs, rouge à l'extérieur, vert à l'intérieur.

Figure 124 : E 577 (Inv. N° 331 A). Harpocrate, debout, tenant une corne d'abondance remplie de fleurs. L'index droit est devant la bouche. Au cou de l'enfant est attachée une chaîne servant à suspendre une bulla.

Figure 125 : E 582 (Inv. N° 331 F). Harpocrate nu, debout, portant sur la tête la double couronne de l'Égypte ; statuette analogue à la fig. 122.

Figure 126 : E 581 (Inv. N° 331 E). Harpocrate, assis à terre, la tête surmontée de la double couronne, l'index de la main droite posé aux lèvres. Dans le bras gauche, il porte un canard ou une oie.

Figure 127 : E 599 (Inv. N° 331 y). Harpocrate, assis par terre. Au-dessus de la robe, il porte un collier auquel est suspendue une *bulla*. Le dieu, coiffé de la tresse pendant derrière l'oreille droite, porte l'index à la bouche et tient un vase de la main gauche.

Figure 128 : E 584 (Inv. N° 331 H). Harpocrate cavalier, vêtu d'une tunique, la tête coiffée de la double couronne. Un second exemplaire, figure 130 : E 585 (Inv. N° 331 I) du même type, est d'une exécution moins soignée.

---

1. E. GUIMET, *Le dieu aux bourgeons* (Mâcon, 1905), extrait des *Comptes rendus de l'Académie des Inscriptions et Belles-Lettres*, 1905, p. 121-125, avec planches.

Figure 129 : E 596 (Inv. N° 331 u). Harpocrate, la tête ornée de la double couronne, navigue dans un petit bateau (on a figuré, en dessous, des vagues). On sait que, dès les temps les plus anciens, les Egyptiens représentaient le dieu solaire dans une barque.

Figure 131 : E 600 (Inv. N° 331 z). Harpocrate debout, vêtu d'une tunique, plongeant la main dans un vase.

Figure 132 : E 604 (Inv. N° 331 BB). Petite fille nue, assise à terre et plongeant la main dans un vase ; sur la tête, on distingue la double couronne. C'est vraisemblablement une déviation du type d'Harpocrate.

Figure 133 : E 598 (Inv. N° 331 x). Harpocrate (?) assis, la tête surmontée de deux bourgeons. La surface de la statuette avait été entièrement recouverte de stuc peint, dont il reste de nombreuses traces.

Figure 134 : E 594 (Inv. N° 331 s). Harpocrate (?) nu, assis dans un grand fauteuil.

Figure 137 : E 588 (Inv. N° 331 M). Tête d'Harpocrate, portant la double couronne, flanquée de deux bourgeons.

Figure 136 : E 591 (Inv. N° 331 P). Tête d'Harpocrate, dont la double couronne s'est véritablement atrophiée. Remarquer, à gauche, la tresse de cheveux qui paraît être une gigantesque oreille.

Figure 135 : E 590 (Inv. N° 331 O). Tête d'Harpocrate, la tête ornée de la double couronne royale, d'une guirlande de fleurs et de la boucle de cheveux.

Figure 138 : E 589 (Inv. N° 331 N). Tête d'Harpocrate, surmontée des deux bourgeons. Une tête semblable a été publiée par M. Guimet [1].

---

[1]. E. GUIMET, *Le dieu aux bourgeons*, fig. 8.

Figure 139 : E 609 (Inv. N° 331 GG). Tête d'Harpocrate ; au-dessus du front, parure ornée de pierreries.

Figure 140 : E 617 (Inv. N° 301). Statuette du dieu Bès ou Bisou, affectant la forme d'un vase en terre cuite. La pièce est creuse, mais sans aucune ouverture extérieure. Le type, qui apparaît dès la XXVI° dynastie [1], se continue jusqu'à l'époque romaine, en s'altérant parfois d'une manière considérable. On se contente souvent de représenter seulement la tête du dieu, parfois le corps entier.

La tête de notre statuette est surmontée de cinq énormes plumes, coiffure caractéristique de Bès. On constate avec surprise qu'on a doté le dieu d'une seconde paire de bras [2]. La comparaison avec un vase trouvé à Tell Defenneh [3] montre que ce sont les jambes qui se sont déformées de la sorte et que, par symétrie, on les a dessinées comme une seconde paire de bras. L'objet se termine en bas par une plinthe circulaire.

Figure 142 : E 618 (Inv. N° 333 P). Le dieu Bès, armé d'un poignard et d'un bouclier. Le corps est couvert d'une cuirasse ; la tête surmontée des cinq plumes habituelles pour ce dieu. Un Bès analogue, mais sans bouclier, est conservé au Musée de Berlin [4]. Le Musée Guimet possède plusieurs statuettes en

---

1. W.-M. FLINDERS PETRIE, *Hyksos and Israelite Cities*, pl. XXXIX, fig. 177, comp., l. c., p. 49 (Londres, 1906).

2. W.-M. FLINDERS PETRIE, *Tell Defenneh* (= *Egypt Exploration Fund* : Memoir IV), pl. XXXV, fig. 65 ; comp., l. c., p. 65 (Londres, 1888).

3. FLINDERS PETRIE, *loc. cit.*

4. A. ERMAN, *La Religion égyptienne* (traduction de CHARLES VIDAL), p. 317, fig. 146 (édition allemande, p. 228, fig. 147).

terre cuite du dieu Bès, armé du poignard et du bouclier. Sur un bas-relief du Musée d'Alexandrie, Bès est accompagné d'une femme portant le sistre. M. Schreiber vient de démontrer que Bès est un protecteur des morts et qu'il chasse les esprits malfaisants de l'autre monde [1].

Les figures 141 et 143 (E 652 et 651) représentent deux groupes de pastophores portant de petits naos sur leurs épaules. Les pastophores étaient des prêtres de rang inférieur qui, de même que les lévites, devaient, dans les processions, porter les objets sacrés, notamment les chapelles des divinités. Dans la chapelle de la figure 141 (E 652), on n'aperçoit pas la divinité; au contraire, sur la figure 143, on distingue facilement les contours d'un Harpocrate. On peut y comparer une statuette du Musée de Berlin [2].

Les figures 144-146 (E 675, 676, 674) représentent des pleureuses semblables en tout à celles que l'on emploie encore aujourd'hui aux funérailles dans tout l'Orient.

La pleureuse fig. 144 est richement habillée et ornée de guirlandes de fleurs ; elle est assise par terre et frappe l'une contre l'autre deux espèces de castagnettes. Les bras de la figure 146 ont malheureusement disparu. Si les deux précédentes pleureuses sont vêtues, il n'en est pas de même pour la figure 145 : la pleureuse est nue, ce qui confirme les dires des auteurs anciens qui nous apprennent que, dans l'ancien

---

1. Th. Schreiber, *Die Nekropole von Kom-esch-Schukâfa* (= Expédition Ernst Sieglin, vol. 1), p. 226.
2. La statuette a été figurée A. Erman, *La Religion égyptienne* (traduction par Charles Vidal), p. 312, fig. 137 (Paris, 1907) ; édition allemande, p. 223 (Berlin, 1905).

Orient, souvent les pleureuses étaient nues ; du moins l'avant-corps était nu [1]. On rencontre souvent de telles figurines dans les musées, par exemple au Musée Guimet (six assises par terre et deux sur un canapée). M. le professeur Schreiber publie, dans le grand ouvrage sur l'Expédition Sieglin, une série de statuettes datant de l'époque romaine et, parmi elles, notre figure 144 [2].

Figure 148 : E 654 (Inv. N° 333 RR). Joueur de luth (?), vêtu d'un grand manteau, la tête couverte d'un bonnet phrygien. La figure est creuse et a peut-être été employée comme récipient d'usage.

Figure 147 : E 607 (Inv. N° 331 EE). Enfant portant des fleurs ou des fruits dans le pan de sa robe, posé debout sur une espèce de chapiteau.

Figure 149 : E 645 (Inv. N° 333 LL). Vieillard chauve, ivre. Dans la main droite, il tient une coupe à boire ; à côté de lui, à gauche, se trouve posé un grand vase. C'est peut-être un Silène ou un Priape ; Harpo-

---

1. On voit au Musée de Berlin, sur le monument 12412, qui provient du tombeau des grands prêtres de Memphis, une pleureuse échevelée, évidemment toute nue ; un pleureur qui apparaît sur le même monument est également nu ; voir ERMAN, *Aus dem Grabe eines Hohenpriesters zu Memphis* dans la *Zeitschrift für ägyptische Sprache*, vol. XXXIII, p. 18-24, avec pl. 1 (Leipzig, 1895). Les pleureuses égyptiennes, dont on voit souvent des groupes représentés dans les vignettes de plusieurs papyrus funéraires, ont toutes l'avant-corps nu ; voir aussi HÉRODOTE II, 85. Les poèmes arabes nous apprennent qu'en Arabie, à l'enterrement des défunts, les femmes et les pleureuses ôtaient leurs vêtements et en déchiraient la dernière portion (*Kitab el Aghani* XIV, 138) ; voir J. WELLHAUSEN, *Reste arabischen Heidenthums*, 2ᵉ éd., p. 195 ; comp., l. c., p. 181 (Berlin, 1897).

2. THEODOR SCHREIBER, *Die Nekropole von Kôm-esch-Schukâfa* (= *Expédition Sieglin*, vol. 1) ; BEIBLATT V, fig. F (notre fig. 142).

crate est souvent représenté sous des aspects semblables [1].

Figure 150 : E 681 (Inv. 333 sss). Harpocrate (?) se traînant à terre; figurine pleine d'humour.

Les figures 151-153 et 156-158 : E 565-570 et E 572, sont des têtes de femmes, richement coiffées.

Figures 154 et 155 : E 745 et 748 (Inv. N° 333 т 1 et 333 x 1). Tête chauve grotesque et tête de nègre, ayant servi de vases (la partie inférieure de la figure 155 manque).

Figure 161 : E 752 (Inv. N° 333 ö1). Modèle d'un petit édifice, vraisemblablement un monument funéraire. Au-dessus de la porte, sous le toit, deux bustes ont été représentés en relief.

Figure 160 : E 753 (Inv. N° 333 a2). Modèle d'un petit temple ou sanctuaire de style gréco-romain. Entre deux colonnes cannelées supportant le fronton, on voit une figure de divinité. Ici, de même que dans la figure 161, l'édicule est posé sur une base assez élevée et percée d'une cavité destinée à contenir une lampe.

Les statuettes suivantes (figures 162-165) représentent des animaux. Figure 162 : E 765 (Inv. N° 332 k), est un chien de la race dite d'Erment, dont nous avons parlé plus haut (figures 98 et 101; p. 58).

Figure 164 (E 763; Inv. N° 332 H) est un singe; figure 163 (E 762; Inv. N° 332 G) est un singe sacré, le disque solaire sur la tête. La figure 165 (E 758; Inv. N° 332 c) représente la tête du taureau Apis, dont les cornes encadrent le disque solaire.

Le groupe figure 167 : E 782 (Inv. 332 ö), est assez

---

1. E. Guimet, *Le dieu aux bourgeons*, fig. 23 (= *Comptes rendus de l'Académie des Inscriptions et Belles-Lettres*, 1905, fig. 12).

intéressant malgré ses mutilations : en haut on voit un aigle orné de divers symboles. En dessous deux animaux, dressés sur leurs pattes de derrière, paraissent se battre vivement ; à droite, c'est un chacal, à gauche un chat, ce qui nous rappelle le papyrus démotique de la discussion philosophique entre une chatte éthiopienne et un petit chacal *koufi* [1].

Figure 166 : E 785 (Inv. N° 333 F2). Grappe de raisin surmontée d'une tête humaine laborieusement coiffée et finement travaillée.

La Glyptothèque possède un autre objet du même genre, aussi très bien fait, où la grappe de raisin est surmontée de quelques feuilles, mais il n'y a pas de tête humaine : E 786 (Inv. N° 333 G2). M. Schreiber a fait figurer dans son ouvrage sur Alexandrie un objet très ressemblant qui, d'après lui, symbolise un vase à vin, lequel doit servir à procurer du vin au défunt dans son existence future [2].

---

1. E. REVILLOUT, *Entretiens philosophiques d'un petit chacal Koufi et d'une chatte éthiopienne sur les grandes questions sociales, le bien et le mal, la providence, la destinée, les abus de la force, etc.*, dans la *Revue Égyptologique*, vol. I, p. 143-144, p. 153-159 ; vol. II, p. 83-89 ; vol. IV, p. 72-88 (Paris, 1880-1886), et vol. IX, p. 13-26 (Paris, 1900) ; voir aussi : E. REVILLOUT, *L'origine mythologique des entretiens de la chatte et du chacal ; Revue Égyptologique*, vol. VIII, p. 61-63 (Paris, 1897).

2. TH. SCHREIBER, *Die Nekropole von Kôm-esch-Schukâfa*, p. 231.

VII

LA Glyptothèque ne possède que quelques monuments égyptiens de l'époque chrétienne, mais comme ils présentent tous un réel intérêt et que plusieurs sont d'un type rare, tous ont été ici figurés. Leurs inscriptions sont souvent en langue et en écriture grecques ; le grec, langue de l'Écriture, passait, en quelque sorte, pour une langue sacrée, même pour ceux qui ne comprenaient que le copte, idiome égyptien parlé à l'époque romaine et byzantine.

Certaines inscriptions sont partie grecque, partie égyptienne ; d'autres enfin sont entièrement en copte.

Nos monuments proviennent certainement des cimetières chrétiens abandonnés dès l'époque arabe et livrés au pillage depuis lors.

Les inscriptions sont reproduites sur une planche annexe de notre *Appendice épigraphique*.

Figure 168 : E 808. Stèle funéraire d'un certain Joseph. La pierre est décorée d'une sorte de portique supporté par deux colonnes ornées. Dans le fronton, à côté de la croix, on lit l'Alpha et l'Oméga. Une inscription grecque en six lignes horizontales s'exprime ainsi : « † En paix, Joseph qui s'endormit dans le Seigneur, le 29 du mois d'Athyr de l'indication...(?) »

Figure 171 : E 809 (Inv. N° 1238 D 1). Stèle funéraire décorée d'un portique à arc surbaissé (peut-être a-t-on voulu représenter l'entrée d'un sanctuaire ou une niche décorée (?). Une inscription grecque de trois lignes dit : « En paix, celui qui s'endormit dans le Seigneur! Bénissez! »; au-dessous, dans un cercle, ΓΚ, ce que Seymour de Ricci propose de considérer comme une date ΚΓ = 23. Sous le portique on voit un homme marchant à côté d'un âne chargé d'un fardeau. La coiffure de l'homme est recherchée et rappelle celle qu'on relève sur les monuments byzantins de la première époque.

Figure 172 : E 810 (Inv. N° 314). Stèle en forme de façade de sanctuaire. Dans l'arc de la voûte, on a figuré une coquille. L'espace entre les colonnes de soutien est rempli par une grande croix ornée de feuillages. L'inscription commence en grec et finit en copte : « Un seul dieu. Paix! — Sur la montagne sainte » (peut-être la nécropole chrétienne). A côté de l'arc on lit le nom du défunt : IAKOB.

Figure 169 : E 811 (Inv. N° 312). Stèle en forme de façade de sanctuaire. Dans l'arc, une conque; les colonnes sont encore de style égyptien. Une inscription en sept lignes horizontales d'abord en grec, ensuite en copte, dit : « Un seul dieu. Paix. Sur la montagne sainte. ΙΣΧΣ (ce qui veut dire : Jésus-Christ ou Jésus-Christ le sauveur). Taham... elle s'endormit... » Le nom de femme Taham se rencontre sur le monument suivant (E 812) et sur une stèle du British Museum [1].

Figure 173 : E 812 (Inv. N° 313). Monument ana-

---

[1]. H.-R.-H. HALL, *Coptic and Greek Texts of the Christian Periodo in the British Museum* (Londres, 1905), pl. VII et p. 8.

logue au précédent. Sur l'architrave on voit le signe de la croix suivi de ΙΣΧΣ (Jésus-Christ). On lit, entre les deux colonnes, six lignes coptes : « ☥, Taham, surnommée Sophia d'Atbo (Edfou) s'endormit le 17 Athyr. »

Figure 170 : E 813 (Inv. N° 1238E 1). Deux personnages vêtus, semble-t-il, de vêtements sacerdotaux apparaissent dans un portique monumental d'où ils semblent sortir pour participer à une cérémonie du culte. La coiffure des personnages est identique à celle du défunt de la stèle fig. 167. Un des personnages tenant une croix et une boule, on peut croire qu'on a voulu représenter le défunt en compagnie du Christ. Le travail de ce relief est excellent et supérieur à peu près à tout ce que nous connaissons d'art égyptien de cette époque.

TABLES DE CONCORDANCE

I

Catalogue danois 2ᵉ édition	Catalogue danois 1ʳᵉ édition	Inventaire	Figures	Pages
1	157	46		12
2	2	1207		11
3	3	1		11
4	4	1217		11
9		1230	1	12
10		6	2	12
11		7	2	12
12		1235	3	13
13		1796 A	6	13
14		1796 B	4	13
17		1246 A		15
20		8		15
28		17		15
29		1869	7	14
30		1870	9	15
37		1232 A		15
40		1206	10	19
41	35	1273		18
42	36	27		17
45	39	1218		18
50	44	26		18
51		1241	15	21
52 et 53		1236	13	21
54		1237		21
			14	

Catalogue danois 2ᵉ édition	Catalogue danois 1ʳᵉ édition	Inventaire	Figures	Pages
58	51	33		23
61	54	35		24
62	55	365		23
63		1973	19	25
64	138	74		24
66	57	49		24
67		1176		33
68		1210		33
70		335		33
71		1209		33
75		336	20	26
76		50		33
91		45	27	27
92		38	28	26
93		47	22	26
95	86	42		25
96	87	61		25
97		1233 B	25	26
100		55		33
101		56	46	33
102		1233 E	47	33
103	94	31		25
106		1247	24	28
107		1233 G	30	29
109		54	36	29
111		114	29	28
112		340	37	30
113		341	35	30
115		44		33
117		48	21	26
118		62	38-42	30
141	128	72		36
142		1250	48	37

Catalogue danois 2ᵉ édition	Catalogue danois 1ʳᵉ édition	Inventaire	Figures	Pages
143		1251	49	37
144	127	71		35
148		69	51	38
150	135	154		39
151	136	131		40
152		345	11	20
153	141	76		39
156	145	342		39
157	146	84		39 et 47
160		347	86	51
171	158	65		40
172		1234 B	81	47
173		1242	78	47
174		388	79	47
176		389	80	47
178		1245	77	46
179		217	73	45
181		371	75	45
184		1271	64	42
185	172	281	54-58	36 et 41
186		1272	60-61	41
188		280	59	42
190		102	50	40
191		1174		47
192		1175		47
269		2011	71	44
271		1234 M	72	45
286		180	69	45
287		181	70	45
375	359	375		40
405	400	277		39
458		91	83	50
480	449	1499		49

Catalogue danois 2ᵉ édition	Catalogue danois 1ʳᵉ édition	Inventaire	Figures	Pages
481	450	276		49
482	451	1481		49
483		1990	88 et 89	51
488		1211	74	45
489		1411	63	44
492		284	87	52
498		294	90	52
499		292	85	52
500		293	84	52
501		291	91	52
505		287	93	54
506		1253	97	57
507		1238 c	96	57
508		309	99	60
508bis		310	100	61
509		1238 D	95	55
510		1252	94	54
511		405	frontisp.	50
516	481	394		49
517	482	395		49
520	485	403		49
521	486	397		49
522	487	400		49
523	488	399		49
532		1238 F	98	58
533		311	101	59
534		1238 G	103	61
538		296	92	53
539		324 A	104	62
540		298		62
542		333 A	102	64
544		330 B	108	64
545		299	109	64

Catalogue danois 2ᵉ édition	Catalogue danois 1ʳᵉ édition	Inventaire	Figures	Pages
547		330 C	113	65
548		330 D	111	64
549		330 E	110	64
551		330 G	112	65
554		330 K	115	66
555		330 L	114	65
556		330 M	117	65
557		330 N		66
561		333 B	118	66
563		333 D	116	67
564		333 E		68
565		333 F	157	74
566		333 G	152	74
567		333 H	158	74
568		333 I	151	74
569		333 K	159	74
570		333 L	153	74
572		333 N	156	74
577		331 A	124	69
578		331 B	120	68
579		331 C	121	68
581		331 E	125	69
582		331 F	126	69
583		331 G	119	68
584		331 H	128	69
585		331 J	126	69
588		331 M	137	70
589		331 N	138	70
590		331 O	135	70
591		331 P	136	70
594		331 S	134	70
595		331 T	123	68
596		331 U	129	70

Catalogue danois 2ᵉ édition	Catalogue danois 1ʳᵉ édition	Inventaire	Figures	Pages
597		331 V	122	69
598		331 X	133	70
599		331 Y	127	69
600		331 Z	131	70
604		331 BB	132	70
607		331 EE	147	73
609		331 GG	139	71
617		301	140	71
618		333 P	142	71
645		333 LL	149	73
651		333 OO	143	72
652		333 PP	141	72
654		333 RR	148	73
674		333 LLL	146	72
675		333 MMM	144	72
676		333 NNN	145	72
681		333 SSS	150	74
745		333 T 1	154	74
748		333 X 1	155	74
752		333 Ö 1	161	74
753		333 A 2	160	74
758		332 C	165	74
762		332 G	163	74
763		332 H	164	74
765		332 K	162	74
782		332 Ö		74
785		333 F 2	166	75
786		333 G 2		75
808		1238 C 1	168	77
809		1238 D 1	171	78
810		314	172	78
811		312	169	78
812		313	173	78

Catalogue danois 2ᵉ édition	Catalogue danois 1ʳᵉ édition	Inventaire	Figures	Pages
813		1238 E 1	170	79
834		2377	5	14
835		2457		12
836		2341	12	21
838		2340	16	22
840		2318	17	22
844		2444	18	25
846		2319	23	26
847		2320	26	26
854		2312	43 et 45	31
855		2315	34	29
856		2314	33	29
857		2317	31	29
858		2316	32	29
865		2367	44	32
871		2298	52	37
872		2364	53	40
878		2456	76	45
882		2427	67	43
883		2428		43
884		2363	68	43
885		2366	66	44
893		323 M	105	62
897		2310	106	61
898		2311	107	61

II

Inventaire	Catalogue danois 2ᵉ édition	Catalogue danois 1ʳᵉ édition	Figures	Pages
1	3	3		11
6	10		2	12
7	11		2	12
8	20			15
17	28			15
26	50	44		18
27	42	36		17
31	103	94		25
33	58	51		23
35	61	54		24
38	92		28	26
42	95	86		25
44	115			33
45	91		27	27
46	1	157		12
47	93		22	26
48	117		21	26
49	66	57		24
50	76			33
54	109		36	29
55	100			33
56	101		46	33
61	96	87		25
62	118		38-42	30
65	171	158		40
69	148		51	38
71	144	127		35
72	141	128		36
74	64	138		24
76	153	141		39

Inventaire	Catalogue danois 2ᵉ édition	Catalogue danois 1ʳᵉ édition	Figures	Pages
84	157	146		39 et 47
91	458		83	50
102	190		50	40
114	111		20	25
131	151			40
154	150	135		39
180	286		69	45
181	287		70	45
217	179		73	45
276	481	450		49
277	405	400		39
280	188		59	42
281	185	172	54-58	36 et 41
284	492		87	52
287	505		93	54
291	501		91	52
292	499		85	52
293	500		84	52
294	498		90	52
296	538		92	53
298	540			62
299	545		109	64
301	617		140	71
309	508		99	60
310	508bis		100	61
311	533		101	59
312	811		169	78
313	812		173	78
314	810		172	78
323 M	893		105	62
324 A	539		104	61
330 B	544		108	64
330 C	547		113	65

Inventaire	Catalogue danois 2ᵉ édition	Catalogue danois 1ʳᵉ édition	Figures	Pages
330 D	548		111	64
330 E	549		110	64
330 G	551		112	65
330 K	554		115	66
330 L	555		114	65
330 M	556		117	65
331 A	577		124	69
331 B	578		120	68
331 BB	604		132	70
331 C	579		121	68
331 E	581		126	69
331 EE	607		147	73
331 F	582		126	69
331 G	583		119	68
331 GG	609		139	71
331 H	584		128	69
331 J	585		126	68
331 M	588		137	70
331 N	589		138	70
331 O	590		135	70
331 P	591		136	70
331 S	594		134	70
331 T	595		123	68
331 U	596		129	70
331 V	597		122	69
331 X	598		133	70
331 Y	599		127	69
331 Z	600		131	70
332 C	758		165	74
332 G	762		163	74
332 H	763		164	74
332 K	765		162	74
332 Ö	782		167	74

Inventaire	Catalogue danois 2ᵉ édition	Catalogue danois 1ʳᵉ édition	Figures	Pages
333 A	542		102	64
333 A 2	753		160	74
333 B	561			66
333 D	563		116	67
333 E	564			68
333 F	565		157	74
333 F 2	785		166	75
333 G	566		152	74
333 G 2	786			75
333 H	567		158	74
333 J	568		151	74
333 K	569		154	74
333 L	570		153	74
333 LL	645		149	73
333 LLL	674		146	72
333 MMM	675		144	72
333 N	572		156	74
333 NNN	676		145	72
333 P	618		142	71
333 RR	654		148	73
333 SSS	681		150	74
333 T 1	745		155	74
333 X 1	748		159	74
333 Ö 1	752		161	74
336	75		20	26
340	112		37	30
341	113	145	35	30
342	156			39
345	152		11	20
347	160	55	86	51
365	62			23
371	181	359	75	45
375	375			40

Inventaire	Catalogue danois 2ᵉ édition	Catalogue danois 1ʳᵉ édition	Figures	Pages
388	174		79	47
389	176		80	47
394	516	481		49
395	517	482		49
397	521	486		49
399	523	488		49
400	522	487		49
403	520	485		49
405	511		frontisp.	50
835	70			33
1174	191			47
1175	192			47
1176	67			33
1206	40	2	10	19
1207	2			11
1209	71			33
1210	68			33
1211	488	4	74	45
1217	4	39		11
1218	45			18
1230	9		1	12
1232 A	37			15
1233 B	97		25	26
1233 E	102		47	33
1233 G	107		30	29
1234 B	172		81	47
1234 M	271		72	45
1235	12		3	13
1236	52 et 53		13	21
1237	54		14	21
1238 C	507		96	57
1238 C 1	808		168	77
1238 D	509		95	55

Inventaire	Catalogue danois 2ᵉ édition	Catalogue danois 1ʳᵉ édition	Figures	Pages
1238 D1	809		171	78
1238 E1	813		170	79
1238 F	532		98	58
1238 G	534		103	61
1241	51		15	21
1242	173		78	47
1245	178		77	46
1246 A	17			15
1247	106		24	28
1250	142		48	37
1251	143		49	37
1252	510		94	54
1253	506		97	57
1271	184		64	42
1272	186		60-61	41
1273	41	35		18
1411	489		63	44
1481	482	451		49
1499	480	449		49
1796 A	13		6	13
1796 B	14		4	13
1869	29		7	14
1870	30		9	15
1973	63		18	25
1990	483		88 et 89	51
2011	269		71	44
2298	871		52	37
2310	897		106	61
2311	898		107	61
2312	854		43 et 45	31
2314	856		33	29
2315	855		34	29
2316	858		32	29

Inventaire	Catalogue danois 2ᵉ édition	Catologue danois 1ʳᵉ édition	Figures	Pages
2317	857		31	29
2318	840		17	22
2319	846		23	26
2320	847		26	26
2340	838		16	22
2341	836		12	21
2363	884		68	43
2364	872		53	40
2366	885		66	44
2367	865		44	31
2377	834		5	13 et 14
2427	882		67	43
2428	883			43
2444	844		18	25
2456	878		76	45
2457	835			12

ERRATA

Page 33, ligne 3, lire E 335 au lieu de E 835.

Page 33, dernière ligne, lire Pa-ser au lieu de Pa-er.

Page 64, fig. 102, lire inventaire 333 A au lieu de 335 A.

Planche X, fig. 20, lire inventaire 336 au lieu de 74.

Planche XL, fig. 102, lire inventaire 333 A au lieu de 335 A.

Planche XLVII, fig. 121, lire E 579, inventaire 331 C au lieu de E 582, inventaire 331 F.

Planche XLVIII, fig. 125, lire E 581, inventaire 331 E au lieu de E 582, inventaire 331 F.

Planche XLIX, fig. 126, lire E 582, inventaire 331 F au lieu de E 581, inventaire 331 E.

GLYPTOTHÈQUE NY-CARLSBERG.

Vue prise dans les salles égyptiennes.

PLANCHE II.

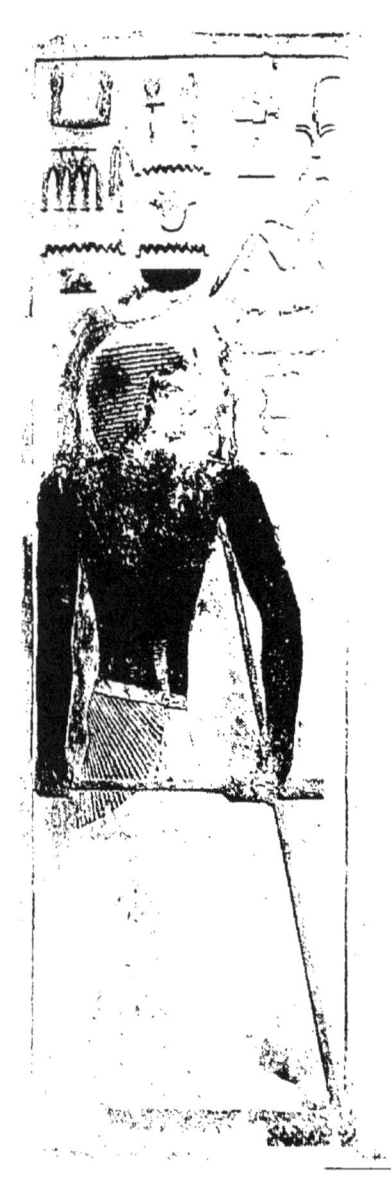

Inv. 1230.

Fig. 1.

NNEAU DE STÈLE DE S-KHENT-KA.
IVe dynastie. (H. 1^m23.)

E 11 et 10.   Inv. 7 et 6.

Fig. 2.

FRAGMENT DE LA STÈLE DE SETU.
V^e dynastie. (H. 1^m10 et 0^m70.)

CALCAIRE.

E 12.   Fig. 3.   Inv. 1235.
FRAGMENTS DE RELIEF DU TOMBEAU DE NOFR. IV⁰ dynastie. (H. 1ᵐ40.)

E 14.   Inv. 1796 B.
FRAGMENT DE BAS-RELIEF. V⁰ dynastie. (H. 0ᵐ70.)
CALCAIRE.

PLANCHE IV.

Fig. 5. — Stèle de Hekenu-didi.
Vᵉ-VIᵉ dynastie. (H. 1ᵐ13.)

Fig. 6. — Fragment de bas-relief.
Vᵉ dynastie. (L. 1ᵐ54.)

CALCAIRE.

E 834.   Fig. 5.   Inv. 2377.

PLANCHE V.

FIG. 8.
Détail de la figure
précédente.

E 29 A et B.   FIG. 7.   Inv. 1869.

FIG. 7. — FRAGMENTS DE LA STÈLE
DE ONKH-UTUS.
VIe dynastie. (H. 1^m57.)

9. — STÈLE EN FORME DE NICHE
DE JU-UEN.
IIIe dynastie. (H. 1^m60.)

CALCAIRE.

E 30.   FIG. 9.   Inv. 1870.

PLANCHE VI.

E 40.   FIG. 10.   Inv. 1206.

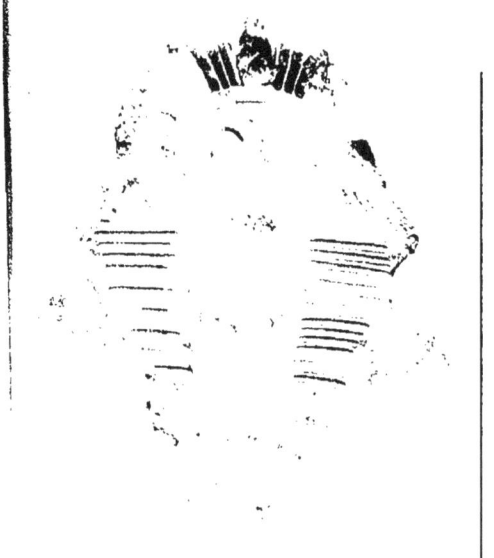

E 152   FIG. 11.   Inv. 1345.

E 836   FIG. 12.   Inv. 2341.
STATUETTE ANÉPIGRAPHE.
XIIe-XIIIe dynastie. (H. 0^m50.)
DIORITE.

FIG. 10. — BUSTE D'UNE STATUE
DE SÉSOSTRIS III (?).
XIIe dynastie. (H. 0^m30.)
GRANIT.

FIG. 11. — BUSTE DE ROI ANÉPIGRAPHE.
XIIIe dynastie. (H. 0^m245.)
PIERRE NOIRATRE.

PLANCHE VII.

E 52 et 53.   Fig. 13.   Inv. 1236.
FRAGMENTS D'INSCRIPTION AU NOM D'UN ROI INDÉTERMINÉ.
XIIIe dynastie. (H. 0^m33 et 0^m61.)

E 54.   Inv. 1237.
FRAGMENT DE BAS-RELIEF D'AMENEMHA III.
XIIe dynastie. (H. 0^m33.)

CALCAIRE.

E 51. Inv. 1241.

Fig. 15.

FRAGMENT D'INSCRIPTION PROVENANT DU TOMBEAU
D'UN PRINCE D'HERMONTHIS.

XIe dynastie. (H. 0^m71.)

Fig. 16. — STÈLE FUNÉRAIRE.
XIIe-XIIIe dynastie. (H. 0^m95.)

CALCAIRE.

E 838. Fig. 16. Inv. 2340.

E 840. FIG. 17. Inv. 2318.
STÈLE PEINTE DE HENI, DE SON FILS ET DE SA FILLE.
CALCAIRE.   XIIᵉ-XIIIᵉ dynastie. (H. 0ᵐ31.)

E 844. FIG. 18. Inv. 2444.
TÊTE DE ROI ANÉPIGRAPHE.

PLANCHE X.

63.   Fig. 19.   Inv. 1973.
Tête de roi : Thotmès III (?).
(Nez, bouche et barbe restaurés. H. 0^{m}23.)
GRANIT.

Fig. 20.   Inv. 74.
Statuette d'un Égyptien tenant devant lui une image du dieu Amon (?). XIXe dynastie. (H. 0^{m}30.)
PIERRE VERTE.

Fig. 21.
Fragment du sarcophage de Taa XVIII dynastie. (H. 0^{m}301.)

117.   Fig. 21.   Inv. 48.   GRANIT.

PLANCHE XI.

E 93.   FIG. 22.   Inv. 47.
FRAGMENT DE BAS-RELIEF AVEC FIGURE DU DIEU OSIRIS-OUNNOFR,
ET RESTES DU PROTOCOLE D'UN ROI DE LA XVIIIe-XIXe DYNASTIE.
(H. 0^m62.) CALCAIRE.

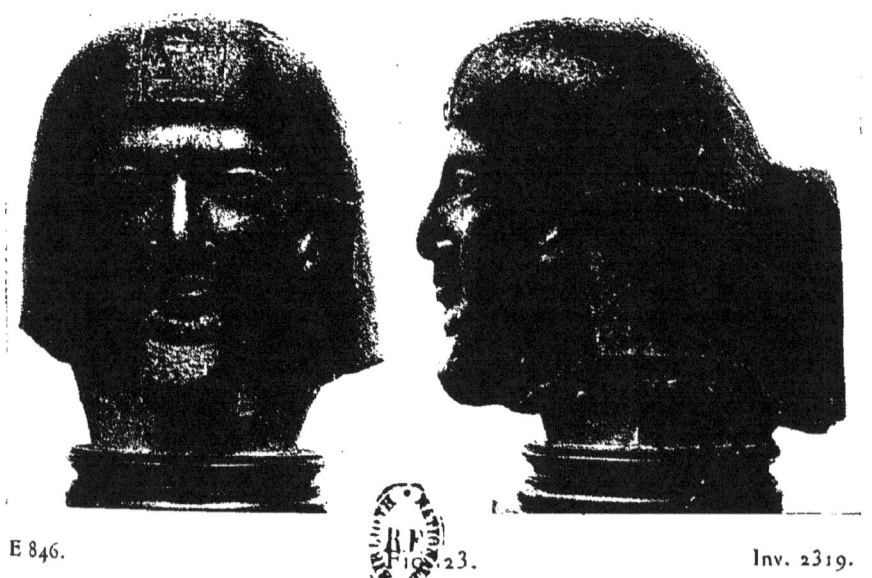

E 846.   FIG. 23.   Inv. 2319.
TÊTE DE THOTHOTEP.
XVIIIe dynastie. (H. 0^m25.) BASALTE.

PLANCHE XII.

E 106. FIG. 24. Inv. 1247.
STÈLE: HYMNE A PTAH ET SEKHMET. XVIIIe dynastie. (H. 0^m45.)

E 97. Inv. 1233 B. Inv. 1847. Inv. 2320.
FIG. 25. — FRAGMENT D'INSCRIP- FIG. 26. — TÊTE D'HOMME.
TION DE THOTMES III. XVIIIe dynastie. (H. 0^m28.)
XVIIIe dynastie. (H. 0^m32.)

CALCAIRE.

PLANCHE XIII.

E 91.   FIG. 27.   Inv. 45.
FRAGMENT DE PILIER DU TOMBEAU D'UN BOULANGER DE RAMSÈS II.
XIXe dynastie. (H. 0^m80.)

92.   FIG. 28.   Inv. 38.
FRAGMENT DE BAS-RELIEF PROVENANT DU TOMBEAU D'UN PRÊTRE MEMPHITE : SCÈNE FUNÉRAIRE.
XVIIIe-XIXe dynastie. (H. 0^m48.)

CALCAIRE.

E 111. Fig. Inv. 44.
STÈLE D'OFFRANDE A LA DÉESSE SYRIENNE ASTARTÉ.
XVIIIe dynastie. (H. 0^m265.)

E 107. Fig. 30. Inv. 1233 G.
STÈLE FUNÉRAIRE D'UN SCRIBE ROYAL: RENPET-NOFR.
XVIIIe dynastie. (H. 0^m55.)

CALCAIRE.

PLANCHE XV.

E 857.   Inv. 2317.   E 858.   Inv. 2316.
         FIG. 31.   FIG. 32.
STÈLES AVEC OREILLES DU TEMPLE DE PTAH MEMPHITE.
      (H. 0^m 12.)   (H. 0^m 14.)

E 856.   FIG. 33.   Inv. 2314.   E 855.   FIG. 34.   Inv. 2315.
STÈLE : ADORATION DU DIEU MIN.   STÈLE : ADORATION A PTAH.
       (H. 0^m 25.)   (H. 0^m 20.)

CALCAIRE.   XIXe-XXe dynastie.

PLANCHE XVI.

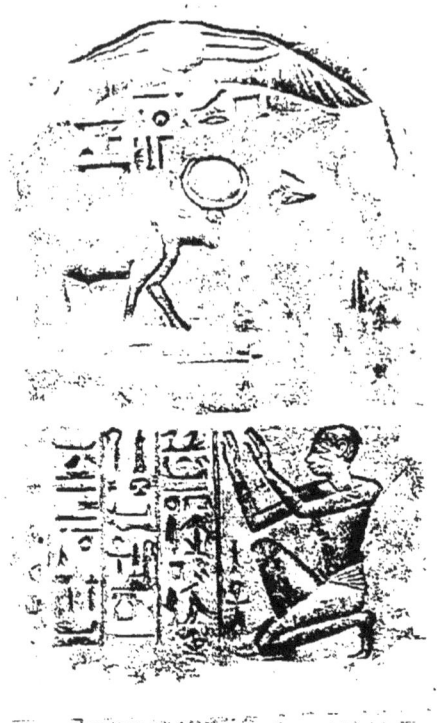

E 109.   Inv. 54.
FIG. 36.
STÈLE D'ADORATION A PTAH
PAR NOFR-AB.
XIXᵉ-XXᵉ dynastie. (H. 0ᵐ25.)

113   Inv. 341.
FIG. 35.
ÈLE D'ADORATION DU TAUREAU
MNÉVIS D'HÉLIOPOLIS.
IXᵉ-XXᵉ dynastie. (H. 0ᵐ365.)

FIG. 37.
RATION DE MNÉVIS PAR LE
CE MENTU-HER-KHOPESH-F.
XIXᵉ dynastie. (H. 0ᵐ40.)

CALCAIRE.

E 112.   FIG. 37.   Inv. 340.

PLANCHE XVII.

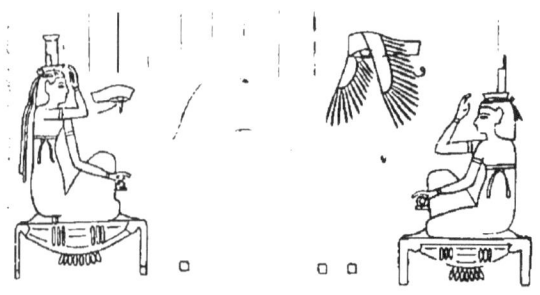

Fig. 38.

Fig. 39.

Fig. 40.

Fig. 38 a 42. (E 118. Inv. 62.)
Détails d'un cercueil de momie
en bois.
XXIe dynastie.

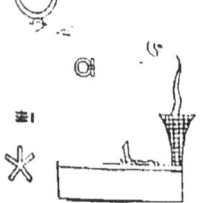

Fig. 41.

Fig. 42.

Fig. 43. Inv. 2312.
Montant de porte d'un
monument de Si-Amon
a Memphis.
XXIe dynastie. (H. 2^m67.)

CALCAIRE.

CALCAIRE.

E 865.   FIG. 44.   Inv. 2367.
XIXe-XXVIe dynastie.   FRAGMENT DE BAS-RELIEF : ADORATION DES ANCÊTRES.   (H. 0^{m}37.)

E 854.   FIG. 45.   Inv. 2312.
LINTEAU D'UN MONUMENT DE SI-AMON A MEMPHIS.   (H. 0^{m}85.)

PLANCHE XVIII.

PLANCHE XIX.

E 101.   Fig. 46.   Inv. 56.
SCÈNE D'OFFRANDES : FRAGMENT DE BAS-RELIEF D'UN TOMBEAU.
(H. 0^m43.)

E 102.   Fig. 47.   Inv. 1233 E.
PORTEURS D'OFFRANDES : FRAGMENT DE BAS-RELIEF.
(H. 0^m40.)

CALCAIRE.   XIXe-XXVIe dynastie.

PLANCHE XX.

E 142. FIG. 48. Inv. 1250.
DEUX GÉNIES DU NIL.
XXe-XXIIe dynastie. (H. 0^m67.)

E 143. FIG. 49. Inv. 1251.
FRAGMENT DE STÈLE DU ROI PÉTIBAST.
XXIIIe dynastie. (H. 0^m25.)
CALCAIRE.

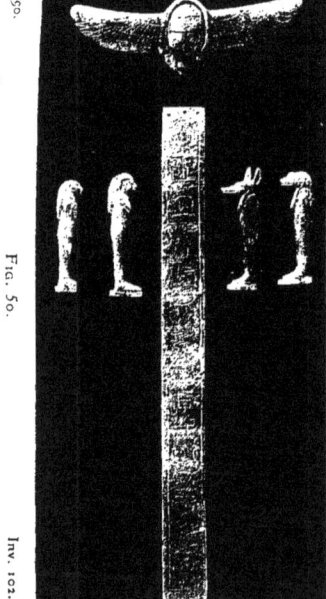

Fig. 50.
ORNEMENT DE LA MOMIE DE LA DAME ZF-MAOUT-ES-ONKH.
XXV-XXVI° dynastie. (H. de la bande, 0^m45.)
LAPIS ET BOIS DORÉ.

Inv. 102.

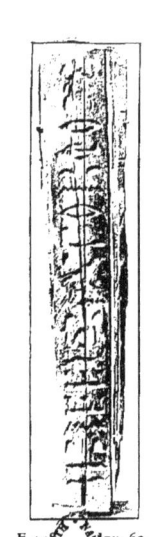

E 14 Inv. 69.
Fig. 51.
FRAGMENT DE CERCUEIL DE KHEPER, FILLE DU GRAND PRINCE HÉRÉDITAIRE DE SA MAJESTÉ SISAK.
XXII°-XXIII° dynastie.
BOIS. (H. 0^m25.)

E 871. Fig. 52. Inv. 2298.
STATUETTE DE LA DÉESSE MAOUT, INSCRITE AU NOM DU ROI OSORKON I.
BRONZE. XXII° dynastie. (H. 0^m238.)

PLANCHE XXII.

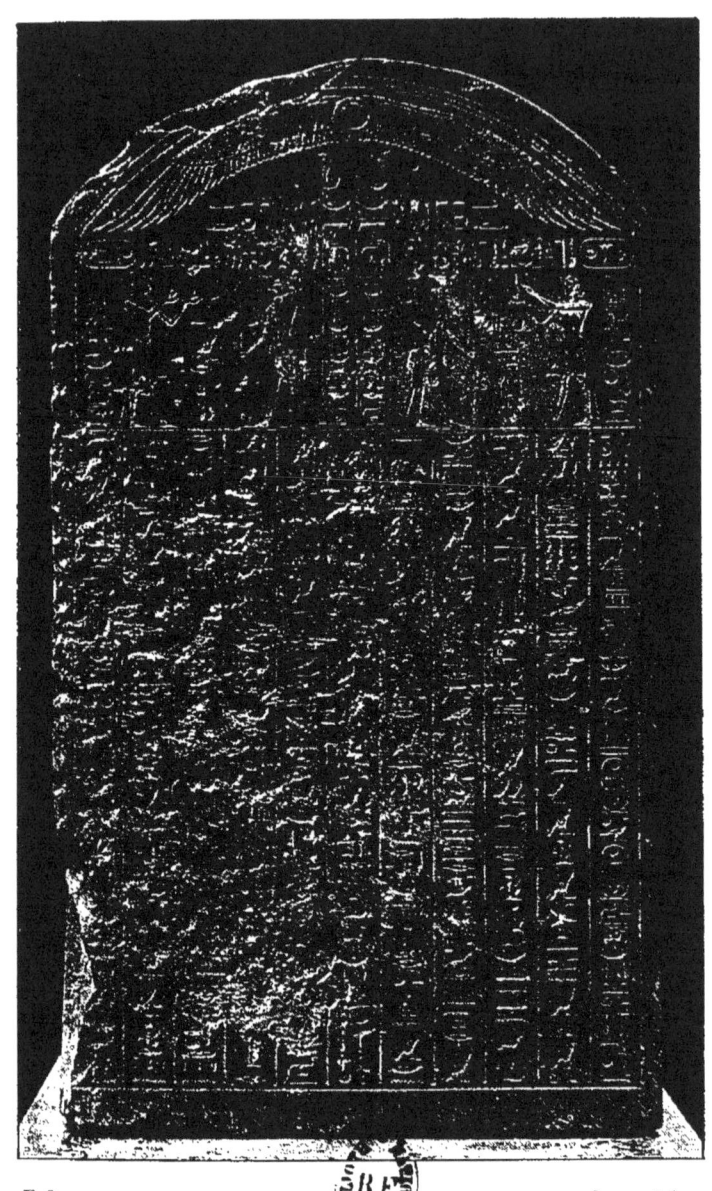

E 872.   Fig.   Inv. 2364.

STÈLE DE L'AN III D'APRIÈS :
DONATION AU DIEU BÉLIER DE MENDÈS.

XXVIe dynastie. (H. 0^m763.)

BASALTE.

PLANCHE XXIII.

Fig. 54.

Fig. 55.

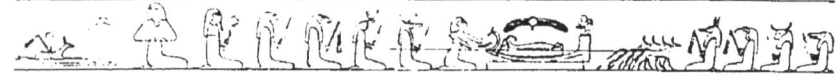

Fig. 56.

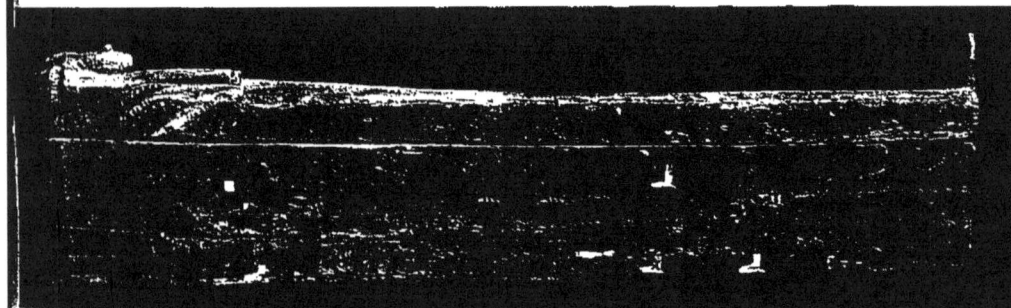

Fig. 57.

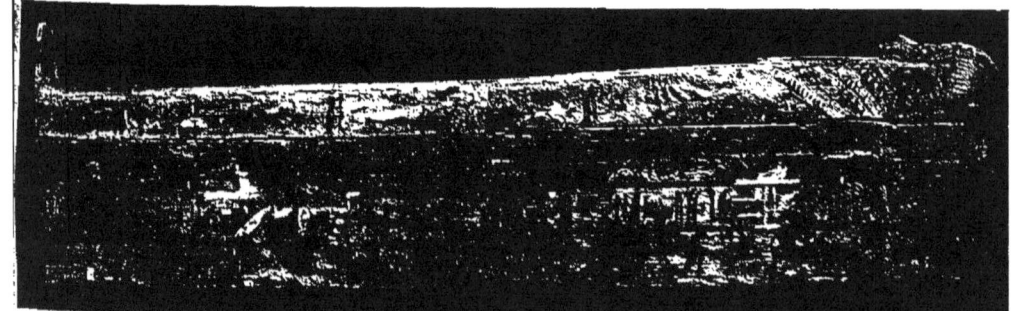

E 185.   Inv. 281.

SARCOPHAGE AVEC PEINTURES.
XXIIe-XXVIe dynastie. (Long. 1^m65.)

BOIS.

PLANCHE XXIV.

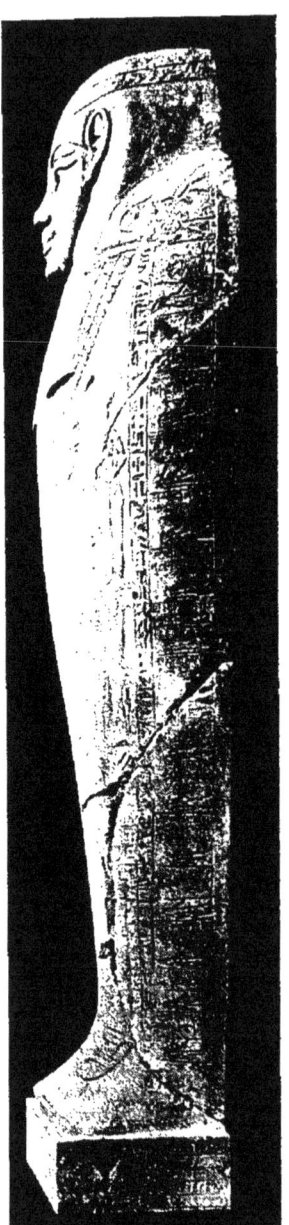

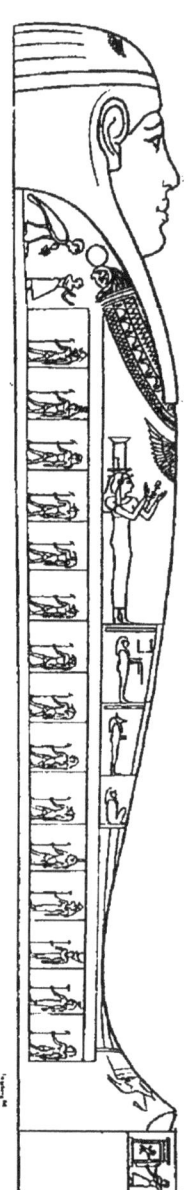

188.   Fig. 59.   Inv. 280.
CARTONNAGE DE MOMIE
DE KEP-HA-ISIT.
XVIᵉ-XXXᵉ dynastie. (H. 1ᵐ65.)
CARTONNAGE.

E 186.   Inv. 1272.
Fig. 60.   Fig. 61.

COUVERCLE DU SARCOPHAGE DE SHEP-MIN.
XXIIᵉ-XXXᵉ dynastie. (Long. 1ᵐ84.)
CALCAIRE.

PLANCHE XXV.

Fig. 62. — Détail du cartonnage E 188 (fig. 59).

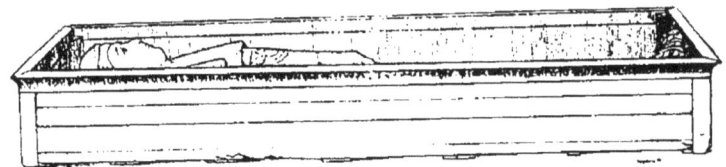

E 489.   Fig. 63. — Cercueil et momie.   Inv. 1411.
BOIS ET CARTONNAGE.   Époque ptolémaïque. (Long. 1ᵐ79.)

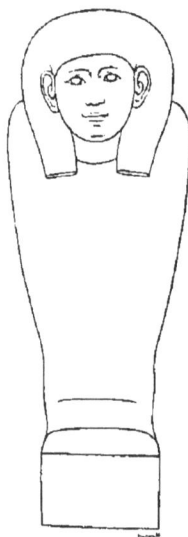

E 184.   Inv. 1271.
Fig. 64. — Cercueil de Ze-Hor.
BOIS. XXXᵉ dynastie. (H. 2ᵐ40.)

Fig. 65. — Détail du sarcophage
E 186 (fig. 60-61).

E 888.   Fig. 66.   Inv. 2366.
FRAGMENT DE SARCOPHAGE.
CALCAIRE.   XXXᵉ dyn. environ. (H. 0ᵐ89.)

PLANCHE XXVI.

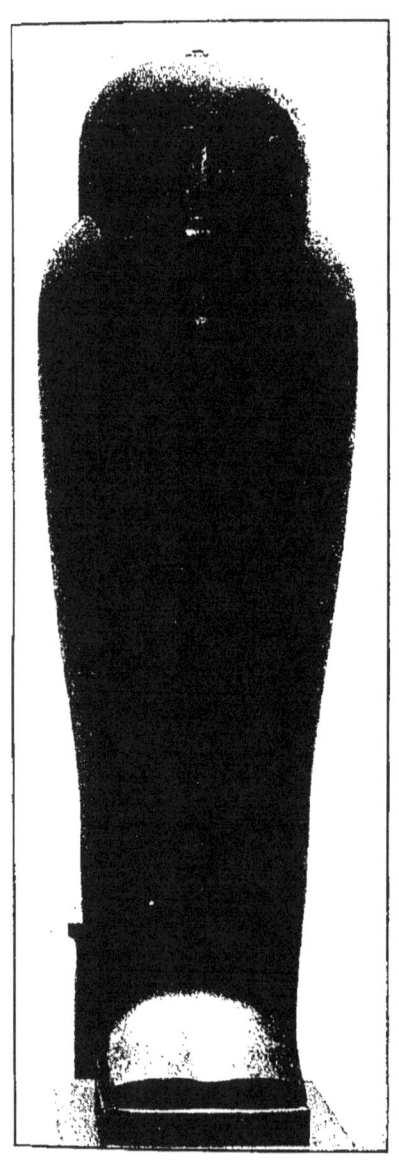

E 882.   Fig. 67.   Inv. 2427.
Sarcophage du prêtre Khaa-Hapi.
XXVIe-XXXe dynastie. (H. 2^m50.)

BASALTE.

Fig. 68.   Inv. 2363.
Sarcophage de Thot-Nekht
avec texte du Livre des Morts.
XXXe dynastie ou époque ptolémaïque.
(H. 2^m00.)

CALCAIRE.

PLANCHE XXVII.

FIG. 69 ET 70.

STATUETTES DU DIEU SHOU.
XXVIe dynastie.
(H. 0^m068 et 0^m05.)

TERRE ÉMAILLÉE.

E 286.   FIG. 69.   Inv. 180.   E 287.   FIG. 70.   Inv. 181.

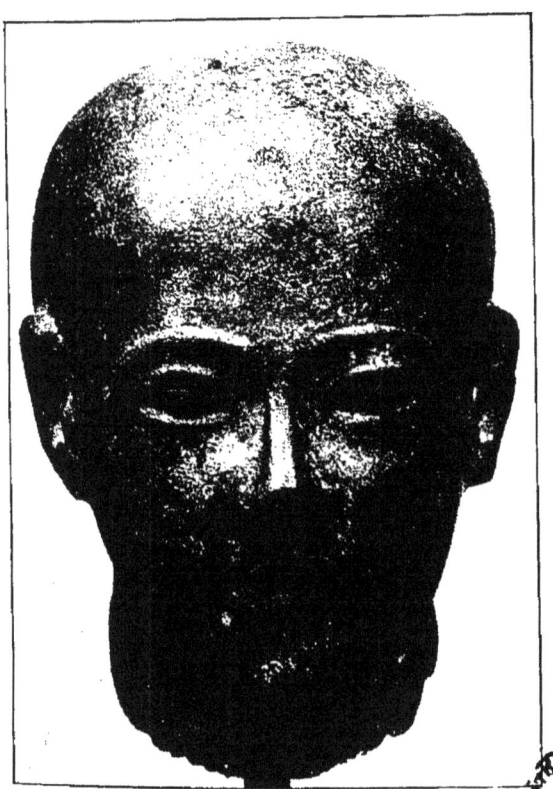

E 271.   Inv. 1234 M.

FIG. 72.

FIGURINE DU DIEU SOKARIS.
(H. 0^m06.)

TERRE ÉMAILLÉE.

E 269.   FIG. 71.   Inv. 2011
TÈTE DU DIEU IMHOTEP.

BRONZE. XXVIe dynastie. (H. 0^m14.)

PLANCHE XXVIII.

E 179. Fig. 73. Inv. 217.
SPHINX.
XXXᵉ dynastie. (Long. 0ᵐ605).

E 488. Inv. 1211.
SPHINX.
Époque ptolémaïque. (Long. 0ᵐ60.)

CALCAIRE.

E 181.   Fig. 35.   Inv. 371.
STATUETTE DE CHAT.
XXVI⁰ dynastie. (H. 0ᵐ173.)
BRONZE.

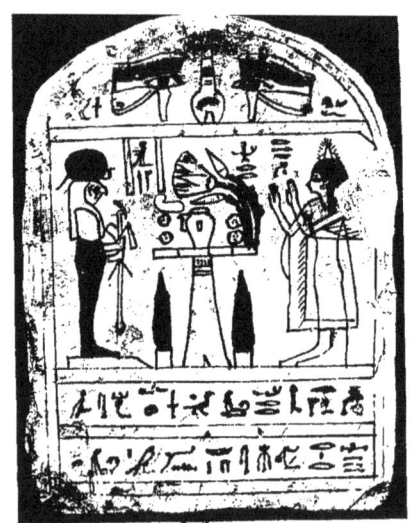

E 878.   Fig. 76.   Inv. 2456.
STÈLE FUNÉRAIRE : ADORATION D'HARMACHIS
PAR LA DAME HOFRER.
XXVI⁰-XXX⁰ dynastie. (H. 0ᵐ30.)
CALCAIRE.

E 178.   Inv. 1245.
STÈLE DÉDIÉE AU DIEU D'ATHRIBIS KHENTI-KHATI.
(H. 0^m50.)

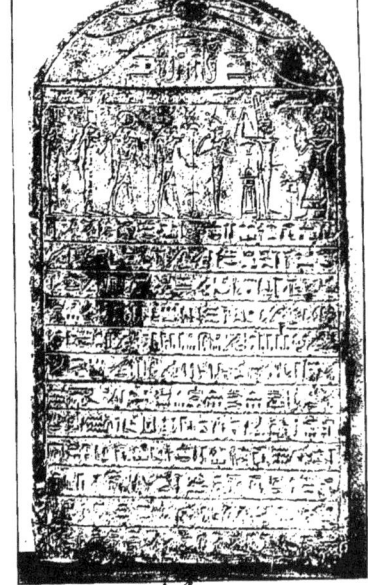

E 173.   Inv. 1242.
STÈLE DE PE-MA. (H. 0^m48.)

CALCAIRE. Époque saïte-ptolémaïque.

E 174. Inv. 388.
STÈLE BILINGUE DE LA DAME SENESIS. (H. 0m60.)

E 176. Inv. 389.
STÈLE DE NESMIN. (H. 0m48.)

CALCAIRE. Époque saïte-ptolémaïque.

E 172.   Inv. 1234 n.
Stèle funéraire de Iri-Hor-Uu.
Époque saïte. (H. 0m83.)

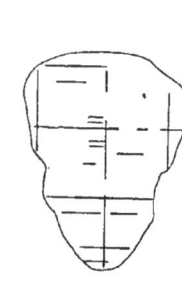

Fig. 82.
Partie postérieure
de la
tête E 458.

CALCAIRE.

E 458.   Inv. 91.
Fig. 83.
Modèle de sculpteur : tête royale.
Époque ptolémaïque. (H. 0m13.)

PL. XXXII

STÈLES DU DIEU
LION DE TELL
MOKDAM.
(H. 0ᵐ25 et 0ᵐ26)

CALCAIRE.

E 500 et E 499.   FIG. 84 ET 85.   Inv. 293 et 292.

E 160.   FIG. 86.   Inv. 347.
STATUETTE D'HOMME AGENOUILLÉ
TENANT UNE IMAGE D'OSIRIS.
PIERRE VERTE.   (H. 0ᵐ34.)

FIG. 87.   Inv. 284.
STÈLE ROYALE :
OFFRANDE A SÉRAPIS ET A ISIS.
CALCAIRE. (H. 0ᵐ345.)

PLANCHE XXXIV.

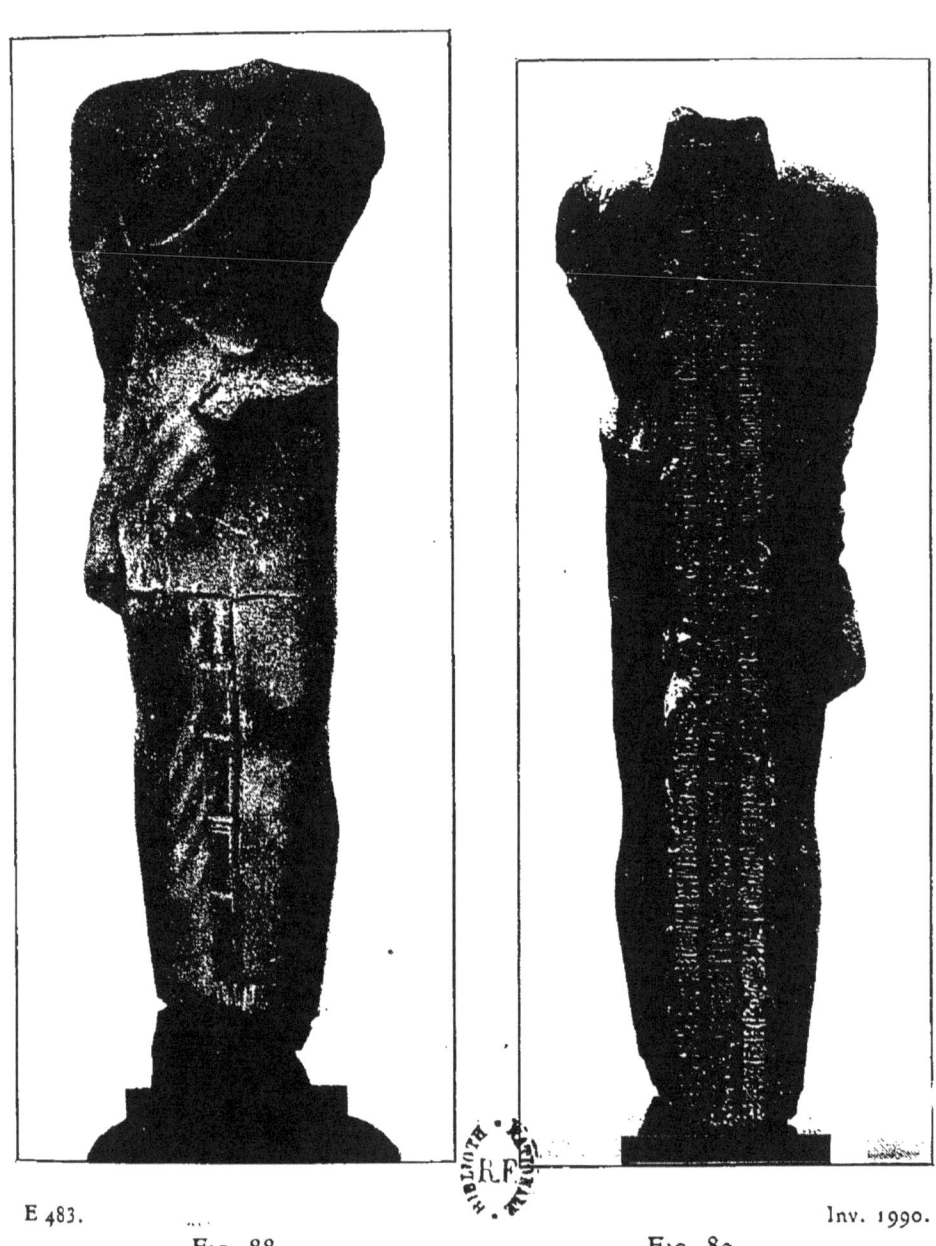

E 483.
Fig. 88.

Inv. 1990.
Fig. 89.

STATUE ACÉPHALE D'UN PERSONNAGE PORTANT LE COSTUME MACÉDONIEN.
Époque ptolémaïque. (H. 0^m75.)

PIERRE NOIRE.

E 538.   Inv. 296.   E 498 et E 501.   Inv. 294 et 29

Fig. 91.   Fig. 90.

PLAQUE A RELIEFS.   STÈLES D'ADORATION DU DIEU LION DE TELL-MOKDAM (?).

CALCAIRE.

Époque romaine. (H. 0^m21.)   Époque ptolémaïque. (H. 0^m155 et 0^m2

PLANCHE XXXVI.

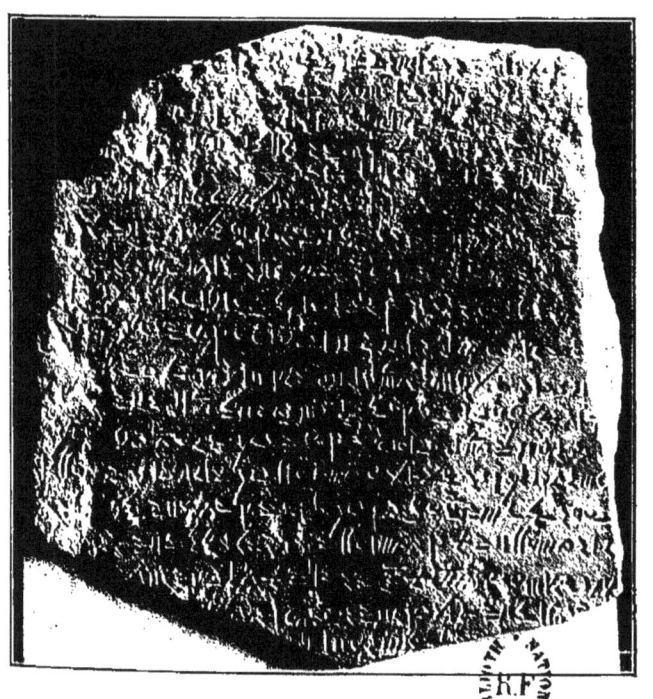

Fig. 93. Stèle bilingue de Petimin. Époque ptolémaïque. (H. 0m36.) Inv. 287. E 505.

Fig. 94. Fragment d'un contrat démotique. Époque ptolémaïque. (H. 0m30.) Inv. 1252. E 510.

CALCAIRE.

PLANCHE XXXVII.

E 507. — Stèle a dédicace grecque mutilée. Époque ptolémaïque. (H. 0m34.) Inv. 1238 c.

E 509. — Stèle commémorative d'une donation de terrain a Isis-Esemkheb, le 20 Méchir, an XIII du règne de Ptolémée XIII Neos Dionysos. (21 février de l'an 67 av. J.-C.) — (H. 0m31.) Inv. 1238 d.

CALCAIRE.

PLANCHE XXXVIII.

E 506.   Fig. 97.   Inv. 1253.
INSCRIPTION AU NOM DE PTOLÉMÉE V ÉPIPHANE, RELATIVE A DES
RÉPARATIONS FAITES AU TEMPLE DU LION (TELL MOKDAM).
(H. 0ᵐ20.)

E 532.   Fig. 98.   Inv. 1238 F.
STÈLE FUNÉRAIRE D'EUEKOOS AVEC INSCRIPTION MÉTRIQUE.
Époque romaine. (Long. 0ᵐ41.)

CALCAIRE.

E 508.   FIG. 99.   Inv. 309.
STÈLE D'ATHENAROUS. (H. 0m40.)

E 508 BIS.   FIG. 100.   Inv. 310.
STÈLE FUNÉRAIRE. (H. 0m26.)
CALCAIRE. Époque romaine (IIe siècle après J.-C.).

E 533.   Fig. 101.   Inv. 311.
Stèle enfant au chien. (H. 0m22.)
CALCAIRE.

E 542.   Fig. 102.   Inv. 335 A.
Statuette de Sérapis. (H. 0m08.)
TERRE CUITE.

Inv. 1238 a.

PLANCHE XLI.

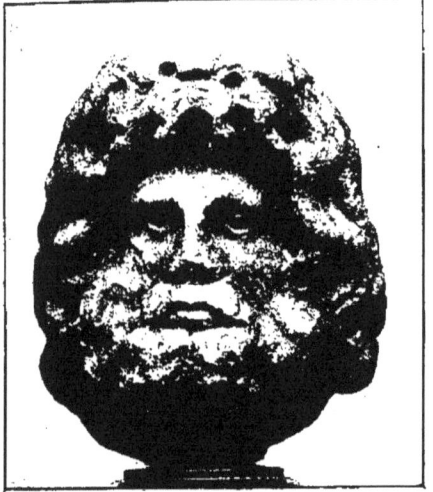

E 539.   Fig. 104.   Inv. 324 A.
Tête de Sérapis.
MARBRE.   (H. 0^m09.)

E 893.   Fig. 105.   Inv. 323 M.
Petite tête de jeune femme,
peut-être une déesse.
MARBRE.   (H. 0^m11).

E 897 et 898.   Inv. 2310 et 2311.
Fig. 106 et 107.
Stèles funéraires.
(H. 0^m31 et 0^m355.)

CALCAIRE.

Époque gréco-romaine.

PLANCHE XLII.

E 544. Fig. 108. Inv. 330 B.
Isis allaitant Horus. (H. 0^m068.)

E 545. Fig. 109. Inv. 299.
Statuette d'Isis. (H. 0^m075.)

E 549. Fig. 110. Inv. 330 E.

E 558. Fig. 111. Inv. 330 D.

TERRE CUITE.   Statuettes d'Isis. (H. 0^m225 et 0^m21.)   Époque romaine.

PLANCHE XLIII.

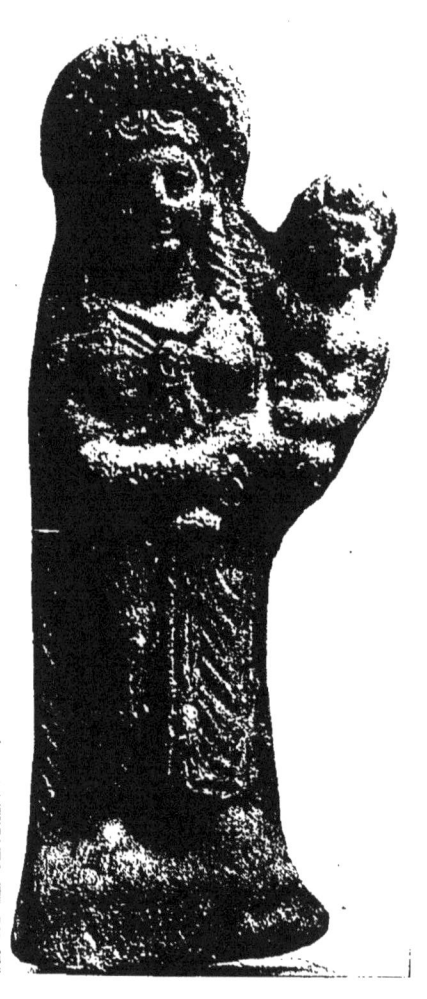

E 551.   Inv. 330 G.

Fig. 112.

Isis et Horus.

(H. 0m157.)

Inv. 330 C.

Fig. 113.

Statuette d'Isis et d'Harpocrate.

(H. 0m23.)

TERRE CUITE. Époque romaine.

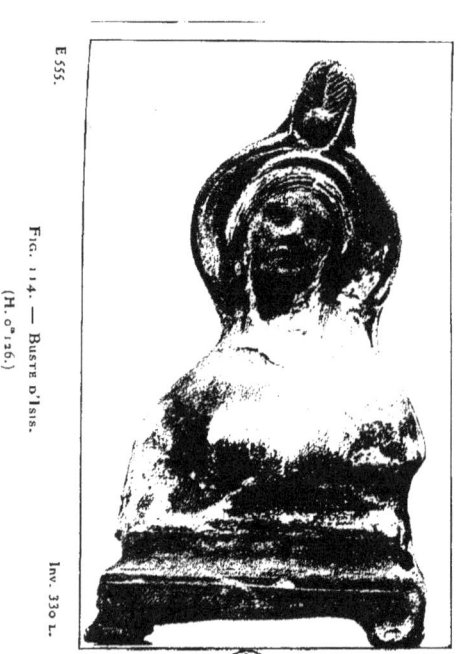

E 555. Fig. 114. — Buste d'Isis. (H. 0m126.) Inv. 330 L.

E 554. Fig. 115. Inv. 330 k.
Tête d'Isis (?).
(H. 0m07.)

TERRE CUITE. Époque romaine.

Planche XLIV.

PLANCHE XLV.

E 563.   Inv. 333 E.

Fig. 116.

Déesse nue.

(H. 0m08.)

E 555   Inv. 330 M.

Fig. 117.

Isis et Harpocrate.

(H. 0m21.)

TERRE CUITE.   Époque romaine.

PLANCHE XLVI.

E 561.   Inv. 333 B.

FIG. 118.

DÉESSE NUE.

(H. 0^m19.)

E 585.   Inv. 331 G.

FIG. 119.

HARPOCRATE.

(H. 0^m28.)

TERRE CUITE. Epoque romaine.

E 578.   Fig. 120.   Inv. 331 B.

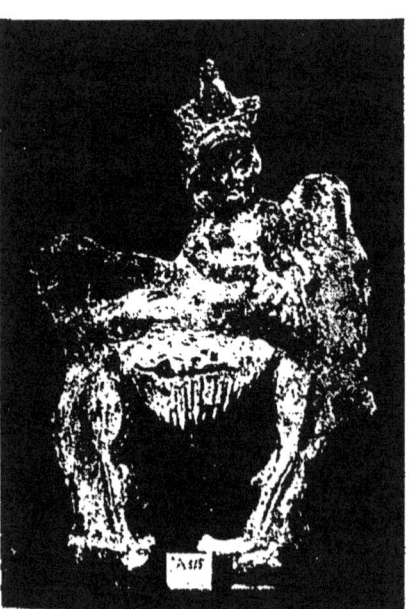

E 597.   Fig. 122.   Inv. 331 Y.

E 582.   Fig. 121.   Inv. 331 F.

Harpocrate a la corne d'abondance et au vase. (H. 0^{m}138.)

Fig. 120. — Harpocrate et animal sacré (?). (H. 0^{m}165.)

Fig. 122. — Harpocrate couché sur la fleur de lotus. (H. 0^{m}225.)

TERRE CUITE. Époque romaine.

E 595.   Fig. 123.   Inv. 331 T.

HARPOCRATE AU VASE ET BÉLIER SACRÉ.
(H. 0m165.)

E 577.   Inv. 331 A.
Fig. 124.

HARPOCRATE A LA CORNE
D'ABONDANCE.
(H. 0m26.)

E 582.   Fig. 125.   Inv. 331 F.

HARPOCRATE A LA CORNE D'ABONDANCE.
(H. 0m138.)

TERRE CUITE. Époque romaine.

E 581.   FIG. 136.   Inv. 331 B.
STATUETTE D'HARPOCRATE A L'OIE.
(H. 0m,184.)

E 599.   Inv. 331 Y.
HARPOCRATE AU VASE.
(H. 0m,15.)

TERRE CUITE.

E 584.   Fig. 128.   Inv. 331 H.
HARPOCRATE CAVALIER. (H. 0m245.)

E 596.   Fig. 129.   Inv. 331 u.
HARPOCRATE NAVIGATEUR.
(H. 0m09.)

TERRE CUITE. Époque romaine.

PLANCHE LI.

585.   Inv. 331 i.

Fig. 130.

Harpocrate cavalier.

(H. 0ᵐ15.)

Inv. 331 z.

Fig. 131.

Harpocrate au vase.

(H. 0ᵐ16.)

TERRE CUITE. Époque romaine.

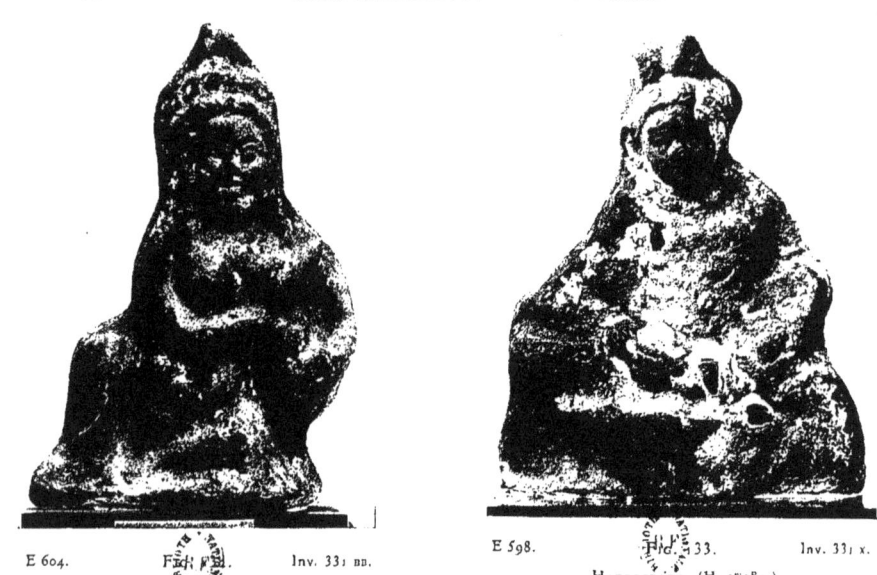

E 604.   Inv. 331 BB.
FILLETTE AU VASE. (H. 0ᵐ089.)

E 598.   Inv. 331 X.
HARPOCRATE. (H. 0ᵐ089.)

TERRE CUITE. Époque romaine.

PLANCHE LIII.

E 594.   FIG. 134.   Inv. 331 s.
HARPOCRATE DANS UN FAUTEUIL.
(H. 0ᵐ11.)

E 590.   FIG. 135.   Inv. 331 o.

E 591.   FIG. 136.   Inv. 331 p.

FIG. 137.   Inv. 331 m.

FIG. 135, 136 ET 137.
TÊTES D'HARPOCRATE.
(H. 0ᵐ085, 0ᵐ095 et 0ᵐ135.)

TERRE CUITE. Époque romaine.

PLANCHE LIV.

E 589.   Fig. 138.   Inv. 331 o.

E 609.   Fig. 139.   Inv. 331 gg.

Fig. 140.   Inv. 301.
Statuette du dieu Bès.
(H. 0m55.)

Fig. 138 et 139.
Têtes d'Harpocrate.
(H. 0m085 et 0m12.)

TERRE CUITE.
Époque romaine.

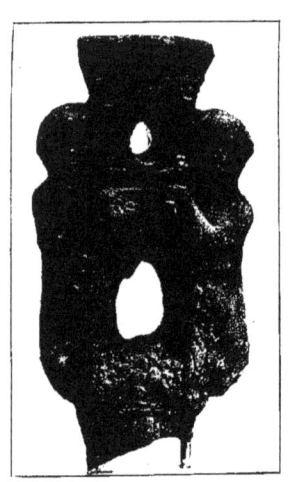

E 652.   Inv. 333 pp.

Fig. 141.

Pastophores.

(H. 0ᵐ17.)

E 618.   Fig. 142.   Inv. 333 p.

Bès combattant. (H. 0ᵐ20.)

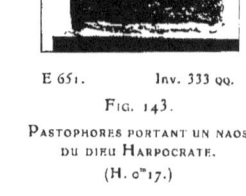

E 651.   Inv. 333 qq.

Fig. 143.

Pastophores portant un naos du dieu Harpocrate.

(H. 0ᵐ17.)

TERRE CUITE. Époque romaine.

E 675.   Fig. 144.   Inv. 333 MM...
Figurine de pleureuse. (H. 0^m11.)

E 674.   Fig. 145.   Inv. 333 LLL.
Pleureuse nue. (H. 0^m185.)

TERRE CUITE. Époque romaine.

E 676.   Fig. 146.   Inv. 333 NNN.
FIGURINE DE PLEUREUSE.
(H. 0ᵐ13.)

E 607.   Inv. 331 RR.
Fig. 147. — ENFANT. (H. 0ᵐ165.)

E 654.   Inv. 333 RR.
Fig. 148.
JOUEUR DE LUTH.
(H. 0ᵐ15.)

TERRE CUITE. Époque romaine.

E 645. Fig. 149. Inv. 333 ll. E 681. Fig. 150. Inv. 333 ss.
Silène ou Priape. (H. 0^m 19.) Harpocrate (?). (H. 0^m 087.)

TERRE CUITE. Époque romaine.

PLANCHE LIX

FIG. 151, 152 ET 153.

TÊTES FÉMININES.

(H. 0m082, 0m075 et 0m088.)

TERRE CUITE.

Époque romaine.

E 568   FIG. 151.   Inv. 3311.

E 566.   FIG. 152.   Inv. 333 G.   E 570.   FIG. 153.   Inv. 33

PLANCHE LX.

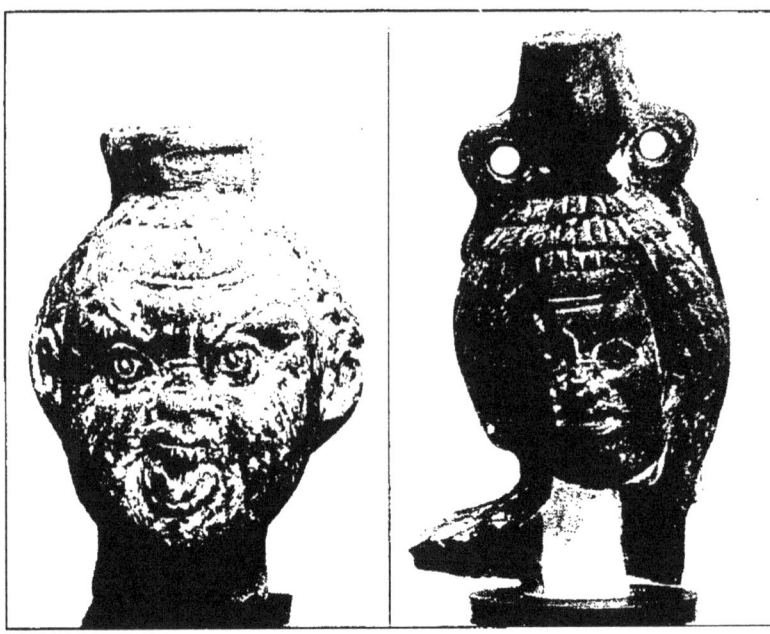

E 746 Fig. 154. Inv. 333 mm.
Vase en forme de
tête grotesque. (H. 0ᵐ12.)

E 745. Fig. 155. Inv. 333 ll.
Fragment de vase en forme
de tête de nègre. (H. 0ᵐ13.)

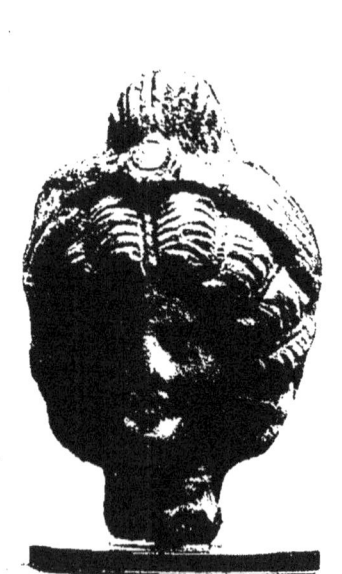 

E 572. Fig. 156. Inv. 333 n. E 565. Fig. 157. Inv. 333 f.
Têtes féminines. (H. 0ᵐ063 et 0ᵐ11.)

TERRE CUITE. Époque romaine.

PLANCHE LX

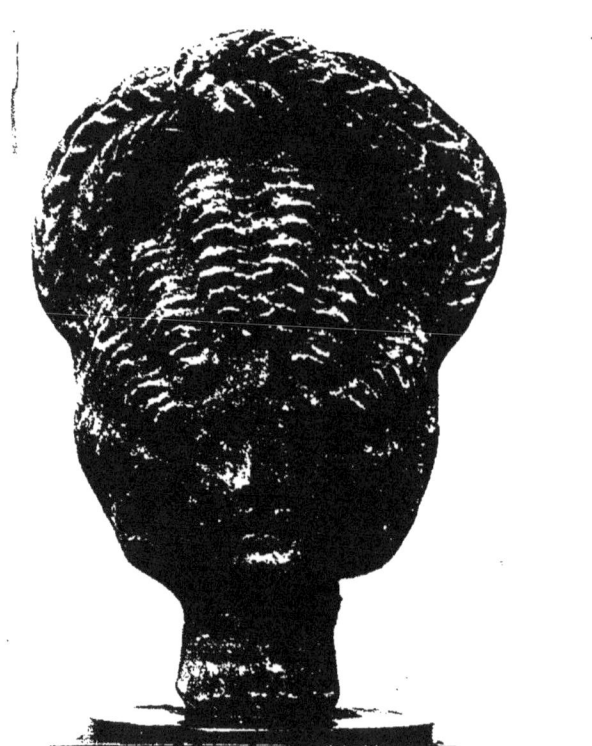

E 567.   Fig. 158.   Inv. 333 H.   E 569.   Fig. 159.   Inv. 33
Têtes féminines. (H. 0ᵐ074 et 0ᵐ085.)

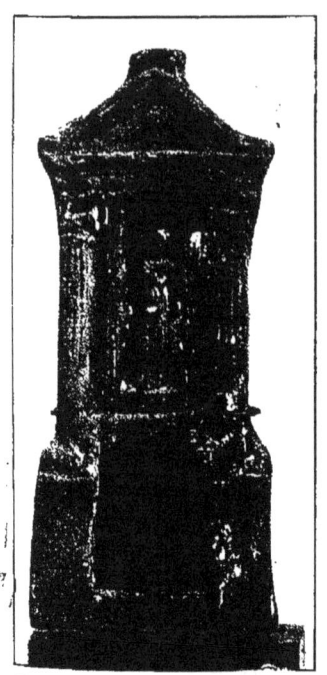

E 753.   Fig. 160.   Inv. 333 A2.   Fig. 161.   Inv. 333
Petit modèle de sanctuaire
d'une divinité. (H. 0ᵐ155.)   Modèle d'édicule funéraire (?). (H. 0ᵐ16.)

TERRE CUITE. Époque romaine.

PLANCHE LXII

E 765.   Fig. 162.   Inv. 332 k.
FIGURINE DE CHIEN. (H. 0^m08.)

E 762.   Fig. 163.   Inv. 332 g.
SINGE. (H. 0^m09.)

E 763.   Fig. 164.   Inv. 332 h.
SINGE. (H. 0^m17.)

E 758.   Fig. 165.   Inv. 332 c.
TÊTE D'APIS. (H. 0^m15.)

TERRE CUITE. Époque romaine.

PLANCHE LXIII.

E 785.   Inv. 333 F2.
Fig. 166. — Grappe de raisin a tête humaine. (H. 0ᵐ093.)

E 782.   Fig. 167.   Inv. 332 o.
Groupe d'animaux. (H. 0ᵐ122.)

TERRE CUITE. Époque romaine.

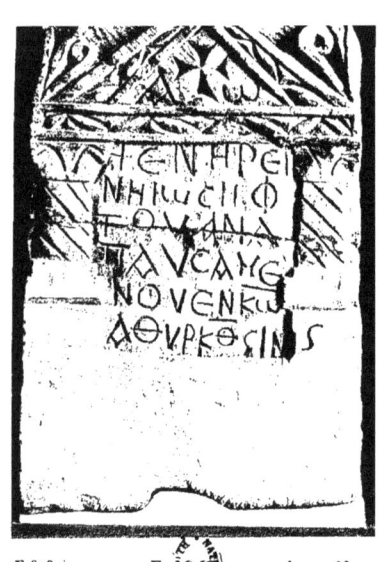

E 808.   Fig. 168.   Inv. 1238 c.
Stèle de Joseph. (0ᵐ46.)

E 811.   Fig. 169.   Inv. 312.
Stèle funéraire chrétienne de la dame Taham.
(H. 0ᵐ485.)

CALCAIRE. Époque byzantine.

E 813.   FIG. 170.   Inv. 1238 E1.
STÈLE FUNÉRAIRE CHRÉTIENNE. (H. 0ᵐ43.)

E 809.   FIG. 171.   Inv. 1238 D1.
STÈLE FUNÉRAIRE CHRÉTIENNE. (H. 0ᵐ51.)

CALCAIRE.   Époque byzantine.

E 810.   Ek. 1322.   Inv. 314.   E 812.   Ek. 1373.   Inv. 313.
   Stèle de Jacob. (H. 0m51.)   Stèle de Fahm. (H. 0m51.)

CALCAIRE. Époque byzantine.